بِسْمِ ٱللَّهِ ٱلرَّحْمَنِ ٱلرَّحِيمِ

Au Nom d'Allah
Le Tout Miséricordieux,
Le Très Miséricordieux

D1722370

ILLUMINE TON COEUR POUR UNE VIE HEUREUSE

Écrit par une femme pour les femmes.
Sache que tu n'es pas seule...

Deviens la meilleure version de toi en empruntant le chemin de la foi et illumine ton coeur pour une vie heureuse.

Ce livre est dédié...

À toutes celles qui souffrent en silence
À toutes celles qui aspirent à raviver leur foi
À toutes celles qui recherchent la lumière dans les
ténèbres
À toutes celles qui rêvent de devenir plus fortes
À toutes celles qui veulent entamer un cheminement
intérieur
À toutes celles qui se battent tous les jours mais qui
sont épuisées
À toutes celles qui sont en quête de paix et de
douceur dans un monde tumultueux
À toutes celles qui veulent faire ressortir le meilleur
d'elles-mêmes

**À toutes celles qui veulent illuminer leur coeur
pour une vie heureuse**

Ton Seigneur est ton Meilleur Garant.

L'obéissance à Allah est la clé du succès ici-bas et dans l'au-delà.

Pour beaucoup d'entre nous, ces dernières années ont été particulièrement éprouvantes. En effet, notre société traverse des moments difficiles et nous en subissons les conséquences à travers l'économie, le travail, le chômage, l'injustice, le racisme, le harcèlement, l'individualisme grandissant, l'éducation pour ne citer que ces quelques exemples parmi tant d'autres.

Au-delà de notre société, c'est le monde tout entier qui traverse une période de troubles. Les événements qui ont marqué ces dernières années ont très certainement laissé des traces plus ou moins profondes et plus ou moins indélébiles en chacun de nous.

Il y a notamment cette épidémie mondiale qui a semé un désordre et un climat anxiogène. Cette crise a eu une répercussion sur le mental d'un bon nombre de personnes provoquant ainsi une hausse de l'anxiété.

Ma soeur, sache que tu n'es pas seule. La vie n'est pas un long fleuve tranquille. Nous traversons tous des épreuves tout au long de notre vie.

Que ce soit des échecs ou des difficultés liées à nos études ou à notre profession, la perte d'un être cher, ou bien un mariage chaotique, un célibat mal vécu, la maladie, la solitude, une injustice, la pression que peut représenter le rôle de mère, l'éducation des enfants et l'inquiétude que l'on peut avoir pour leur avenir...
Sache que les épreuves bien que difficiles font partie de la vie ici-bas.

Allah Le Très Haut nous dit :
"Nous avons certes, créé l'homme pour une vie de lutte."
{Sourate Al Balad, verset 4}

La foi représente cette force qui permet d'endurer et de lutter contre l'adversité. Elle est cette lumière qui jaillit dans nos coeurs et nous fait avancer malgré les épreuves et le chemin semé d'embûches.

Ce livre constitue un message positif et plein d'espoir. Il contient des conseils avisés et bienveillants, des citations pour nous booster et des rappels afin d'apporter des solutions qui se trouvent intrinsèquement dans notre religion.

Ainsi, ce livre a pour but de provoquer chez nous un déclic et une remise en question sur notre vie en général et sur nos actions bonnes ou mauvaises tout en comprenant le sens des épreuves auxquelles nous sommes tous confrontés un jour ou l'autre. Il vise à stimuler notre rapprochement avec notre Seigneur, à augmenter notre foi et affermir notre coeur.

Il nous encourage à prendre soin de nous sous tous les aspects et à développer de nouvelles habitudes en faisant preuve d'autodiscipline ; tout ceci afin de devenir avec la permission d'Allah, la meilleure version de nous-même.

Je suis moi-même dans cette quête de devenir chaque jour meilleure qu'hier et j'espère que ce livre pourra avoir un impact positif (aussi minime soit-il) dans la vie de la personne qui le lira.

Il y a en effet une multitude de causes à faire pour bénéficier d'une vie heureuse et la meilleure des causes réside dans notre rapprochement avec notre Seigneur.

L'éloignement d'Allah est la cause des malheurs :
"Et celui qui se détourne de Mon Rappel, mènera une vie pleine de gêne, et au Jour de la Résurrection, Nous l'amènerons au rassemblement aveugle."
{Sourate Ta-Ha, verset 124}

Allah nous a créé dans le but de L'adorer et Il nous promet une vie heureuse. Il ne nous a pas créé pour vivre une vie marquée par le désespoir.

"Quiconque, homme ou femme, accomplit une bonne œuvre tout en étant croyant. Nous lui ferons vivre une bonne vie. Et Nous les récompenserons en fonction des meilleures de leurs œuvres."
{Sourate An-Nahl, verset 97}

Notre Seigneur سبحانه و تعالى a assuré aux adeptes de la foi et des bonnes œuvres une rétribution en ce bas-monde par une bonne vie, et par la meilleure des récompenses au jour de la résurrection. Ils obtiennent donc la quintessence des deux vies, dans les deux demeures.

Que ce livre illumine, avec la permission d'Allah, le coeur de la personne qui le lira.

Qu'il puisse retirer l'épine de ses soucis, panser les blessures de ses épreuves, soigner les bleus de son âme.

Qu'il puisse remplir son coeur d'amour et de joie, d'optimisme et de positivité, de bien-être et de sérénité.

Qu'il puisse être une source de motivation et d'inspiration pour faire de meilleurs choix.

Que notre foi en notre Créateur ne cesse d'augmenter et que celle-ci déverse sa lumière sur nos coeurs noircis par nos péchés.

"Notre Seigneur accorde-nous une belle part ici-bas, et une belle part aussi dans l'au-delà ; et protège-nous du châtiment du Feu"
{Sourate Al-Baqara, verset 201}

NE TE DÉCOURAGE PAS

Crois en toi et ne baisse pas les bras. Accorde-toi de la valeur et ne doute pas de ton potentiel. Il y a en toi une force qui ne demande qu'à se manifester. Tu es une femme plus forte que tu ne peux le soupçonner. Puise ta force par le biais de ta foi, de tes supplications et de tes prières. Tu as de la ressource, n'en doute pas. Apprends à faire les bons choix dans ta vie en plaçant toujours ta foi au coeur de celle-ci.

Si tu vis en accord avec ta religion, soucieuse de plaire à ton Créateur, ton coeur et ton âme seront semblables à un jardin orné de fleurs aux couleurs du printemps, éclairé d'une douce lumière venant chasser l'ombre de tes soucis.

Motive-toi en prenant soin de toi, aime-toi en déculpabilisant car personne n'est parfait. La perfection absolue n'appartient qu'à Allah et à Lui Seul. Il peut t'arriver de fléchir et d'avoir des périodes de doute. Ne te laisse pas abattre. Relève toi et avance, tu en es capable. Souris à la vie même si elle n'est pas toujours tendre avec toi. Garde à l'esprit que la difficulté laisse place à la facilité.

« Ô Allah !

Mets de la lumière dans mon cœur, de la lumière dans ma vue, de la lumière dans mon ouïe, de la lumière à ma droite, de la lumière à ma gauche, de la lumière au-dessus de moi, de la lumière en-dessous de moi, de la lumière devant moi, de la lumière derrière moi et donne-moi de la lumière ! »

{Rapporté par Al-Bukhari et Muslim}

ADOPTE UN ÉTAT D'ESPRIT
POSITIF

Tu es peut-être cette étudiante épuisée qui veut à tout prix réussir afin d'assurer son avenir.

Tu es peut-être cette maman fatiguée, pleine de doutes, toujours affairée et soucieuse d'exceller dans son rôle de mère mais qui ressent aussi une pression et le besoin de se retrouver.

Tu es peut-être cette femme célibataire qui éprouve le poids de la solitude et qui cherche à accomplir la moitié de son dine au côté de la bonne personne.

Tu es peut-être celle qui rêve d'être plus forte et indépendante.

Tu es peut-être cette personne qui traverse des moments de doute, de difficulté, d'épuisement, de peine, de souffrance.

Tu es peut-être cette femme qui donne trop de sa personne au point de s'être oubliée.

Tu es peut-être celle qui s'en veut d'avoir naïvement accordé sa confiance à certaines personnes.

Tu es peut-être cette femme qui manque de confiance en elle, qui aimerait gagner en assurance, qui a besoin de reconnaissance.

Tu es peut-être cette épouse ou cette femme célibataire, cette mère de famille, cette maman solo, veuve ou divorcée, cette étudiante, qui a peur d'échouer, cette femme qui ne sait plus vers où regarder.

Peut-être te sens-tu parfois vide, envahie par un sentiment de tristesse profonde, frustrée par des déceptions, déboussolée, désorientée … ?

Peu importe qui tu es et ce que tu traverses, ta situation peut changer.
Adopte un état d'esprit positif tout en te rapprochant de ton Créateur.

Ne vis pas en recherchant constamment l'approbation des autres. Recherche plutôt la satisfaction et l'amour du Très Haut. Ne vis pas dans la négativité. Ressaisis-toi et chasse ces ruminations ! Voir la vie du bon côté est quelque chose qui est à la portée de tous et qui s'acquiert si l'on décide de voir le positif dans chaque situation. C'est un état d'esprit qui va de pair avec notre religion et nos croyances.

Selon le propos d'Anas (qu'Allah soit satisfait de lui), le Prophète ﷺ a dit :

« Allah (qu'Il soit exalté) a dit : 'Ô fils d'Adam, tant que tu M'invoques et place en Moi ton espoir, Je te pardonnerais quoi que tu aies fait, et Je ne m'en soucie pas. Ô fils d'Adam, si tes péchés atteignaient les nuages et qu'ensuite tu sollicitais Mon Pardon, Je te l'accorderais. Ô fils d'Adam, si tu te présentes devant Moi avec autant de péchés que peut en contenir la Terre et qu'ensuite tu Me rencontres sans rien associer à Mon Culte, Je t'apporterais un pardon équivalent' ».
{Hadith authentifié par At-Tirmidhi}

Ce hadith démontre l'infinie miséricorde de notre Seigneur. Il est capable de toute chose, nous ne devons jamais douter de Sa Puissance.

Ma douce, ne pense pas que ta situation soit vouée à rester figée. Quelle que soit l'ampleur de tes péchés, retourne vers Allah sincère et repentante.

Même si tu as l'impression que tout ton monde s'écroule, nourris l'espoir qu'Allah te sauvera.
Tu as le droit de fléchir, de parfois douter et de te sentir impuissante et exténuée. Mais tu ne dois jamais abandonner ni désespérer. Tu dois vivre ta vie en gardant en tête que quoi que tu puisses traverser, le Secours d'Allah est toujours proche. C'est pourquoi tu dois placer ta confiance en Lui, demander pardon et te repentir sincèrement.

Le musulman se doit d'être positif :
Le Messager d'Allah ﷺ a dit :
« Le croyant a une destinée étonnante ! Tout ce qui lui advient est bénéfique, et cela n'est réservé qu'à lui seul ! En effet, s'il est l'objet d'un événement heureux, il remercie Allah et c'est là pour lui une bonne chose et s'il est victime d'un malheur, il l'endure avec patience et c'est là encore pour lui une bonne chose ».
{Muslim, riyad as-salihin n°27}

Vis ta vie au présent. Ne t'apitoie pas sur ton passé et ne te tracasse pas pour l'avenir.

Conseil :
Concernant le passé et l'avenir, cherche à rectifier le passé par le pardon et le repentir et à t'assurer un bel avenir en délaissant les péchés.

LE POIDS DE NOS PÉCHÉS

Tu te sens déprimée ?

Tu n'as plus la force d'avancer ? Tu te sens souvent incomprise et tu t'imagines perdre pied ? Il se peut même que tu aies négligé voire même délaissé tes prières, que tu te sois éloignée de Ton Seigneur. Il est fort probable que tout ce poids qui écrase ton âme et qui étouffe ton coeur soit le poids de tes péchés. Ne laisse pas shaytan le maudit se réjouir de ta situation. Ne le laisse pas gagner car tu sais au fond de toi qu'Allah est bien au-dessus de tes problèmes.

L'être humain est faillible et commet inévitablement des péchés. Il en résulte que les épreuves que nous traversons sont le plus souvent les conséquences de nos péchés et cela doit nous pousser à revenir vers Allah repentants.

D'après Anas Ibn Malik (qu'Allah l'agrée), le Prophète ﷺ a dit :

« Tous les fils d'Adam sont pécheurs et les meilleurs des pécheurs sont ceux qui se repentent. »
{Rapporté par Ibn Maja dans ses Sounan n°4251 et authentifié par Cheikh Albani dans Sahîh Ibn Maja, Hadith Hasan}

Ma soeur, quelle que soit la nature de l'épreuve que tu traverses, ne cesse de demander pardon à Allah. Repens-toi et reviens vers ton Seigneur !

Abû Hurayrah رضي الله عنه rapporte que le Messager d'Allah ﷺ a dit :
"Lorsque le croyant commet un péché, on inscrit un point noir dans son cœur.
S'il se repent, cesse, et implore le pardon, son cœur est poli (de ce point), mais s'il persiste, cela continue jusqu'à recouvrir tout son cœur."

C'est là la rouille mentionnée par Allâh :
كَلَّآ ۖ بَلْ ۜ رَانَ عَلَىٰ قُلُوبِهِم مَّا كَانُواْ يَكْسِبُونَ
"Non ! Une rouille recouvre plutôt leur cœur en raison de ce qu'ils commettaient."

{Sourate Al-Mutaffifûn, verset 14}
{Sahîh Al-Jâmi' – 1670}

Réalise que les péchés provoquent la perte des bienfaits et la persistance dans les péchés attire les malheurs. Il faut prendre conscience du caractère dangereux des péchés. Aucune bénédiction ne cesse d'atteindre un serviteur sauf si ce dernier a commis un péché et persiste sans se repentir. D'autre part, aucun châtiment n'est rendu légitime qu'en raison d'un péché.

Ali رضي الله عنه rapporte :

"Aucune épreuve n'est descendue qu'en raison d'un péché et elle (l'épreuve) n'est repoussée que par le repentir."

Allah l'Exalté dit :

"Tout malheur qui vous atteint est dû à ce que vos mains ont acquis. Et Il pardonne beaucoup."
{Sourate As-Shura, verset 30}

"Allah ne modifie pas un bienfait dont Il a gratifié un peuple avant qu'ils ne changent ce qu'il y a en eux-mêmes. "
{Sourate Al-Anfal, verset 53}

Prends donc garde à ne pas persister dans les péchés car ils peuvent avoir des conséquences désastreuses.

Éduque ton âme afin de délaisser les péchés. Procède à un examen de conscience et repens-toi d'un repentir sincère.

Nous devons garder en tête que si l'on persiste à commettre des péchés, cela ruinera notre vie ici-bas et dans l'au-delà.

Ma douce, nettoie ton coeur par le pardon et le repentir, tu savoureras l'odeur de la brise parfumée, qui viendra t'embaumer d'un parfum de plénitude.

LE REPENTIR

Tu es harassée et affaiblie par ton épreuve ? Tes jambes tremblent et fléchissent. Tu as l'impression de perdre l'équilibre face aux difficultés de la vie.

Ne te laisse pas tomber car tu peux te relever. Pour cela, accroche-toi tenacement à Celui qui ne meurt jamais. Ne te laisse pas aller à la tristesse et ne t'abandonne pas aux idées noires.
Repens-toi d'un repentir sincère et tu sentiras l'amour d'Allah venir t'envelopper et te réconforter.

Allah aime le repentir :
"En vérité, Allah aime ceux qui se repentent et ceux qui se purifient."
{Sourate Al-Baqara, verset 222}

"Ô vous qui croyez ! Revenez à Allah d'un repentir sincère !"
{Sourate at-Tahrim , verset 8}

Le repentir sincère mène au succès :

"Et repentez-vous tous devant Allah, Ô croyants, afin que vous récoltiez le succès."
{Sourate Nur, verset 31}

Le Messager d'Allah ﷺ a dit :

« Je jure par Allah que je demande pardon à Allah et je me repens à lui plus de 70 fois par jour ».
{Sahih Al-Bukhari 6307}

Ne désespère pas de tes péchés quels que soient leurs nombres car Allah est infiniment Généreux et Miséricordieux. Il aime le pardon et accueille le repentir sincère de Ses serviteurs dévoués.

"Dis : « Ô mes serviteurs qui avez commis des excès à votre propre détriment, ne désespérez pas de la miséricorde d'Allah. Car Allah pardonne tous les péchés. Oui, c'est Lui le Pardonneur, le Très Miséricordieux."
{Sourate Az-Zumar, verset 53}

<u>Pour être accepté, le repentir sincère doit remplir cinq conditions :</u>

1. La sincérité envers Allah, le Très Haut : la personne doit le faire seulement pour Allah en recherchant Sa récompense et le salut de Sa punition.

2. Le remords : pour le péché qui a été commis, au point de ressentir de la tristesse pour ce qu'on a fait et que l'on souhaite ne l'avoir jamais fait.

3. Arrêter : cesser de commettre le péché immédiatement en notant que si le péché était contre Allah, nous devons cesser de le faire si c'était un acte illicite, ou à l'inverse nous empresser de le faire si c'était une obligation que nous avons abandonné. Et si le péché était contre une créature (comme des individus) alors il faut s'empresser de s'en libérer en cessant de l'affliger ou en recherchant son pardon.

4. Détermination : à ne pas retourner de nouveau à ce péché dans l'avenir.

5. Le repentir ne doit pas arriver après le temps où son acceptation est terminée, par la mort ou par le lever du soleil de l'ouest.

Ô Allah, accorde-nous le repentir sincère et acceptez-le de nous, en vérité Tu es l'Audient, l'Omniscient.

Conseil :

Je te recommande un livre remarquable qui traite des dangers des péchés et de l'éducation de l'âme : "Péchés et Guérison" d'Ibn Al-Qayyim.

NETTOIE TON COEUR AVEC L'ISTIGHFAR

Ma douce, réalises-tu que l'istighfar peut changer ta vie ? L'istighfar (demande de pardon) permet de nettoyer ton coeur de toutes les impuretés causées par les péchés. Un coeur souillé et marqué par la flétrissure des péchés nécessite d'être purifié pour pouvoir revivre. Nous sommes loin d'imaginer combien l'istighfar est bénéfique pour nous et renferme des trésors d'une valeur inestimable. Nous nous devons donc de mettre en pratique régulièrement la demande de pardon pour satisfaire Le Très Haut.

Le Prophète ﷺ a dit :
 « Annoncez la bonne nouvelle à celui qui trouvera dans son livre beaucoup d'istighfar. »

« Quiconque persévère dans l'istighfar (demande de pardon), Allah lui accordera une issue lors de chaque difficulté, un soulagement à toute inquiétude et recevra sa subsistance par des moyens sur lesquels il ne comptait pas. »

« Implorez le pardon de votre Seigneur, car il est Grand Pardonneur, pour qu'Il vous envoie du ciel, des pluies abondantes et qu'Il vous accorde beaucoup de biens et d'enfants, et vous donne des jardins et vous donne des rivières. »
{Sourate Nouh, versets 10 à 12}

« Ô Mes serviteurs qui avez commis des excès à votre propre détriment, ne désespérez pas de la miséricorde d'Allah. Car Allah pardonne tous les péchés. Oui, c'est Lui le Pardonneur, le Très Miséricordieux. »
{Sourate 39, verset 53}

« Sache qu'il n'y a pas de divinité digne d'être adorée excepté Allah et implore le pardon pour ton péché, ainsi que pour les croyants et les croyantes. »
{Sourate 47, verset 19}

Les bénéfices sont immenses que ce soit pour cette vie ici-bas ou pour l'au-delà.
Je te conseille de nettoyer ton coeur en pratiquant abondamment l'istighfar.

Voici la meilleure formule de demande de pardon appelée Sayyidul istighfar. Je te conseille vivement de l'apprendre et de la prononcer avec conviction tous les jours.

"Mon Dieu, Tu es mon Seigneur, il n'y a de dieu que Toi.Tu m'as créé, je suis Ton serviteur et je demeurerai attaché à Ton pacte et à Ta promesse autant que je le pourrai. Je Te demande de me préserver des méfaits que j'ai commis. Je reconnais les bienfaits dont tu m'as gratifiés, et je reconnais mes péchés. Aussi pardonne moi car nul autre que toi ne pardonne les péchés !"

"Celui qui fait cette invocation, en étant convaincu, dans la journée et meurt dans la même journée, avant le soir, fera partie des gens du Paradis, et celui qui l'a dit de nuit, en en étant convaincu, et meurt avant l'arrivée du matin fera partie des gens du Paradis".
{Rapporté par Al-Boukhari dans son Sahih (hadith n°6323)}

Invocation en arabe :

اللّهـمَّ أَنْتَ رَبِّي لا إلَهَ إلاّ أَنْتَ
خَلَقْتَني وَأَنا عَبْدُك
وَأَنا عَلـى عَهْـدِكَ وَوَعْـدِكَ ما اسْتَـطَعْت
أَعـوذُبِكَ مِنْ شَـرِّ ما صَنَـعْت
أَبـوءُ لَكَ بِنِعْـمَتِـكَ عَلَـيَّ وَأَبـوءُ بِذَنْـبي
فَاغْفِـرْ لي فَإِنَّهُ لا يَغْـفِرُ الذُّنـوبَ إلاّ أَنْـتَ

LES BIENFAITS DES ÉPREUVES

Accepte les épreuves car bien que difficiles et souvent douloureuses, elles renferment des bienfaits insoupçonnés. Il ne faut pas voir l'épreuve comme une punition mais en tant que croyant nous devons comprendre que derrière chaque épreuve se cache un grand bienfait. En effet, les épreuves poussent le véritable croyant à se rapprocher du Tout Puissant. Elles permettent d'expier leurs péchés. Nous devons croire au destin bon ou mauvais car cela fait partie des 6 piliers de la foi et avoir foi aux décrets d'Allah, exalté soit-Il.

D'après Abou Houreira (qu'Allah l'agrée), le Prophète ﷺ a dit :

« Le croyant et la croyante ne cessent d'être éprouvés dans leurs personnes, dans leurs enfants et dans leur argent jusqu'à ce qu'ils rencontrent Allah sans ne plus avoir un seul péché. »
{Rapporté par At-Tirmidhi dans ses Sounan n°2399}

Les 6 piliers de la foi :

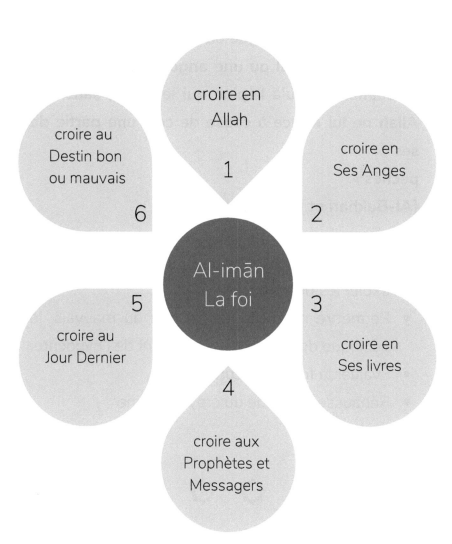

croire en Allah

1

croire en Ses Anges

2

croire au Destin bon ou mauvais

6

Al-imān La foi

croire au Jour Dernier

5

croire en Ses livres

3

croire aux Prophètes et Messagers

4

Le Prophète ﷺ a dit aussi :

« Il n'est pas une fatigue ou une maladie, un souci, une peine, un mal ou une angoisse qui touche le Musulman, jusqu'à l'épine qui le pique, sans que Allah ne lui efface à cause de cela une partie de ses

péchés ».
{Al-Bukhari et Muslim}

<u>Les épreuves possèdent plusieurs rôles :</u>
- Expier les péchés
- Permettre de distinguer le bon du mauvais, le véridique du menteur et le croyant de l'hypocrite.
- Évaluer la foi de chacun
- Rehausser le grade du croyant ferme

Ma douce, l'épreuve est là pour te purifier et expier tes péchés. Il se peut même que l'épreuve que tu subis soit une cause pour gagner le Paradis et échapper au feu de l'Enfer (qu'Allah nous en préserve). Les épreuves et les afflictions représentent l'un des moyens par lesquels Allah aide Son serviteur, l'anoblit et le gratifie du bien-être.

Le Prophète ﷺ a dit :

« Que le sort du croyant est étonnant ! En effet, son sort n'est que du bien (situation dont ne jouit que le croyant) ; s'il remercie Allah pour un bien qu'il acquiert, il en est récompensé, et s'il endure un malheur qui le frappe, il en est encore récompensé : tout jugement divin qui concerne le musulman lui est bénéfique. »
{Rapporté par Muslim}

D'après Anas ibn Malik le Messager d'Allah ﷺ a dit:
"Quand Allah veut faire du bien à Son fidèle serviteur, Il lui anticipe le châtiment ici-bas. Quand il veut faire du mal à Son fidèle serviteur, Il le laisse commettre les péchés jusqu'au moment où Il le rencontrera au jour de la Résurrection."
{Rapporté par At-Tirmidhi (2396}

"Les olives sont écrasées pour obtenir de l'huile,

Les fruits sont pressés pour obtenir du jus,

Les fleurs sont broyées pour obtenir du parfum...

Ces méthodes sont utilisées pour obtenir la bonté des choses."

Alors quand tu te sens sous pression dans la vie, souviens-toi que c'est le Très Haut qui souhaite obtenir le meilleur de toi-même.

ALLAH A PROMIS UNE VIE HEUREUSE POUR LES BIENFAISANTS

Notre Seigneur ne nous a pas créé pour être malheureux.

Oui cette vie demande des sacrifices et des efforts. Oui cette vie est faite d'épreuves, d'obstacles et de contrariétés, parfois même de déceptions. Mais garde en tête une chose : Allah nous a promis que le beau temps arrive toujours après l'orage :
  « À côté de la difficulté est certes la facilité. Certes, à coté de la difficulté est la facilité. » {Sourate Ash-sharh, versets 5 et 6}

Il insiste sur ces versets en les répétant car bien que dans la vie nous connaissions des périodes sombres et douloureuses, cela ne dure pas. Alors ma douce, ne désespère pas dans ton combat intérieur. Relève la tête et regarde le chemin que tu as parcouru, malgré tes peines, tes larmes, tes désillusions, tes souffrances....

Au fond de toi tu sais que cela en valait la peine.

Quand tu vis dans l'obéissance du Très Haut, tu es bien guidée et protégée des tourments de la vie. Ton Seigneur ne t'abandonnera pas ni ne te laissera à ton propre sort.

Vis donc sous l'obédience de ton Créateur et tu en seras récompensée.

« Quiconque, mâle ou femelle, fait une bonne œuvre tout en étant croyant, Nous lui ferons vivre une bonne vie. Et Nous les récompenserons certes, en fonction des meilleures de leurs actions. »

{Sourate An-Nahl, verset 97}

« Ceux qui accomplissent de bonnes œuvres auront un bien ici-bas ; mais la récompense qui les attend dans la demeure de l'au-delà est certes meilleure. »

{Sourate An-Nahl, verset 30}

C'est une promesse du Tout Puissant, les pieux et bienfaisants obtiennent les délices de ce bas monde et particulièrement de l'au-delà car n'oublie pas que cette vie est éphémère. Notre vraie demeure est celle de l'au-delà.

Patience...
Après la larme apparaît le sourire
Après la maladie vient la guérison
Après l'échec émerge le succès
Après l'inquiétude surgit la tranquillité

LA PRIÈRE

La prière est le deuxième pilier de l'Islam. Elle est d'une importance capitale. On lui attribue de nombreuses vertus qui procurent d'immenses bénéfices. Prier permet de créer une connexion avec ton Seigneur en te prosternant devant Lui afin de Lui témoigner ton amour, de Le glorifier, de Le Louer, de Lui confier tes peines et tes douleurs, tes espoirs, de L'invoquer, de te livrer... La prière est ce moment privilégié où tu te retrouves en toute intimité avec ton Créateur.

Ma soeur, prier est également le moyen de te faire pardonner tes péchés.

Dans les recueils des imams Al-Boukhari et Mouslim, il est rapporté que Abou Houraira (رَضِيَ اللّٰهُ عَنْهُ) a entendu le Prophète ﷺ dire :

"Voyez-vous, s'il y avait une rivière devant la porte de chacun d'entre vous, qu'il s'y lavait 5 fois par jour, diriez-vous qu'il puisse lui rester de la saleté. Les compagnons répondirent : Il ne lui resterait aucune saleté. Il ﷺ dit : Telles sont les 5 prières, Allah efface par celles-ci les fautes."

éloigne les maux

sauvegarde la santé

attire les bienfaits

fortifie et guide le coeur
sur la bonne voie

éloigne le diable

repousse le malheur

LA PRIÈRE
{ IBN AL-QAYYIM }

illumine les visages

nourrit l'âme

rapproche du Tout
Miséricordieux

éloigne de la paresse

maintient la richesse

attire vers la bénédiction

inspire le bonheur

La prière doit être accomplie avec concentration. Ceci peut demander des efforts car nous avons tendance à être inondés par un flot de pensées.

Voici quelques conseils pour parfaire ses prières et les accomplir avec concentration :

- Il faut avant tout comprendre ce que représente la prière, connaître ses bienfaits et prendre conscience de sa valeur. Je te conseille les livres "Les secrets de la prière" et "La saveur de la prière" d'Ibn Al-Qayyim. De nombreux hadiths et versets font référence à la prière. Il faut également connaître l'histoire de la prescription et de la révélation de la prière.

- La concentration doit se mettre en place dès les ablutions. Réalise que lorsque tu fais tes ablutions comme Allah te l'a ordonné, ce sont tes péchés qui s'effacent.

- Pense à t'éloigner de toute distraction et préfère un endroit calme pour prier.

- Il est important de se vider la tête et de se rappeler que la prière est un rendez-vous privilégié avec notre Seigneur.

- Il est conseillé d'imaginer le Paradis sur notre droite et l'Enfer sur notre gauche ou bien imaginer que c'est la dernière prière que l'on accomplit. En se souvenant de ses péchés, on souhaite ardemment qu'Allah nous préserve du châtiment du feu et qu'Il accepte notre prière.

- Invoque Allah pour qu'Il t'aide à te concentrer dans tes prières.

Prends garde à l'abandon de la prière car elle représenterait la limite entre la foi et la mécréance. Ne la délaisse sous aucun prétexte car ce serait une erreur funeste.

Le Prophète ﷺ a dit :
   « **Ce qu'il y a entre l'homme et entre le polythéisme et la mécréance, c'est l'abandon de la prière.** »
{Rapporté par Muslim dans son « Sahîh »}

Et selon les gens des « Sounans », Barîda Ibn Hassîb rapporte que le Prophète ﷺ a dit :
« L'engagement qui nous lie à eux repose sur la prière. Quiconque l'abandonne devient mécréant. »
S'il y a bien une chose à ne pas délaisser, c'est la prière. Accroche-toi à elle comme tu t'accrocherais à ta propre vie.
La prière est ta lumière et elle constitue sans équivoque une réelle relation avec ton Seigneur.
Elle est une réjouissance du coeur due à ce moment privilégié entre Le Maître de l'Univers et le serviteur.

Ma soeur, il est important de faire la prière en son temps car la retarder sans raison valable est considéré comme un très grave péché.

" Certes la prière a toujours été prescrite pour les croyants en des temps déterminés "
{Sourate 4, verset 103}

Le fait de la retarder de son temps obligatoire sans raison valable fait partie des grands péchés.

Et selon Anas qui a dit : " J'ai entendu le Messager d'Allah ﷺ dire :
« Voici la prière de l'hypocrite : Il s'assoit à observer le soleil jusqu'à ce qu'il soit entre les deux cornes de Satan, et à ce moment il se lève et exécute les quatre Raka'ah rapidement et ne mentionne pas Allâh si ce n'est que très peu. » "
{Rapporté par Muslim}

Nous devons donc nous montrer prudents et ne pas négliger la prière qui nous a été prescrite à des moments bien précis. Accomplissons-la avec dévouement afin de récolter le succès et de goûter à sa saveur. Créons ce lien hors du commun avec Allah.

LA PRIÈRE DE CONSULTATION

Connais-tu la prière de consultation ?

La prière de consultation appelée Salat al Istikhara est une sunna recommandée par notre Prophète ﷺ.

Si tu as une décision importante à prendre dans ta vie et que tu as besoin d'être guidée dans tes choix, tu peux ainsi faire la Salat al istikhara afin qu'Allah te montre le bien ou le mal dans tes affaires et dans ce que tu veux entreprendre.

Cette prière est une Sunna (tradition prophétique) qui consiste en une demande à notre Seigneur, de ce qui est le mieux lorsque nous sommes face à un dilemme et que nous devons faire un choix.

Comment faire la prière de consultation ?

La manière de faire la prière de consultation nous a été enseignée par le Messager d'Allah ﷺ. Le hadith suivant nous détaille comment procéder :

Il est rapporté par Al-Bukhari et Ahmed, entre autres :

« L'Envoyé d'Allah ﷺ nous apprenait la façon de demander à Allah ce qui est le mieux – al istikhara – dans toutes nos affaires, de la même manière qu'il nous apprenait une sourate du Coran. Il ﷺ disait : « Quand l'un de vous décide d'entreprendre un projet, qu'il effectue deux inclinations en dehors de la prière obligatoire, puis qu'il dise :

« Mon Dieu ! Je Te demande ce qui est le mieux, en vertu de Ta science, je Te demande de m'en accorder la capacité en vertu de Ton omnipotence, et je Te demande de Ton immense faveur. Tu es puissant et je ne suis pas puissant. Tu sais et je ne sais pas. Tu est le Très savant des choses cachées ! Mon Dieu ! Si tu sais que cette affaire – il mentionne la nature de cette affaire – est meilleure pour moi, concernant ma religion, ma vie, et les conséquences-mêmes de cette affaire, maintenant et plus tard, décrète-la donc pour moi et facilite-la moi, puis bénis-la moi ! Et si tu sais que cette affaire est mauvaise pour moi, concernant ma religion, ma vie et les conséquences-mêmes de cette affaire, maintenant et plus tard, détourne-la de moi, détourne-moi d'elle et décrète pour moi ce qui est le mieux, quoi qu'il s'agisse, puis rends-moi satisfait [de ce bien que Tu m'as décrété]. » »

L'invocation en Arabe :

'' اللهم إني أستخيرك بعلمك، وأستقدرك بقدرتك'' وأسألك من فضلك العظيم، فإنك تقدر ولا أقدر، وتعلم ولا أعلم، وأنت علام الغيوب، اللهم إن كنت تعلم أن هذا الأمر (ويُسميه بعينه) خير لي في ديني ومعاشي وعاقبة أمري فاقدره لي، ويسره لي، ثم بارك لي فيه، وإن كنت تعلم أن هذا الأمر شرّ لي في ديني ومعاشي وعاقبة أمري فاصرفه عني، واصرفني عنه، واقدر لي الخير حيث كان، ثم أرضني به ''.

Comment connaître les résultats de cette prière ?

La réponse à notre prière de consultation ne se manifeste pas nécessairement sous forme de rêve ou de signe.

Les savants disent que si l'on voit que notre projet se réalise de manière relativement simple et plutôt fluide (on peut rencontrer quelques soucis mais rien de bien grave) c'est qu'il s'agit du bon choix. Néanmoins, si l'on rencontre des difficultés énormes, il convient de renoncer à son entreprise.

La prière de consultation est un grand bienfait d'Allah envers Ses serviteurs et il est vivement recommandé d'y recourir dès que l'on doit faire un choix important dans sa vie. On ne trouvera jamais de meilleur conseiller qu'Allah, l'Omniscient.

PLACE TA CONFIANCE EN ALLAH

Qu'as-tu à craindre lorsque tu as le Meilleur Garant dans ta vie ?

Quand on y réfléchit, il est tellement rassurant de savoir que même si l'on traverse une période difficile, en cherchant refuge auprès d'Allah, nous verrons par Sa Grâce nos soucis disparaître. Nous verrons cette lumière éclairer l'ombre de nos sentiments d'amertume, de nos peines et de nos chagrins.

Implore ton Seigneur. Confie-Lui tes angoisses et tes doutes, parle-Lui de ce qui te préoccupe, de ce qui te ronge de l'intérieur. Ouvre ton coeur à Allah, Il est Ton Meilleur Confident. Notre Seigneur aime qu'on L'implore. Insiste et persévère dans tes supplications.

Endure avec patience car la délivrance est proche....

Umar Ibn Al-Khattâb rapporte que le Prophète ﷺ a dit :

"Si seulement vous vous en remettiez à Allah comme il convient, Il vous apporterait votre subsistance comme Il l'apporte aux oiseaux qui quittent le matin leur nid le ventre creux pour y retourner en fin de journée le ventre plein."
{Rapporté par l'imam Ahmad, At-Tirmidhî, An-Nasâ'î, Ibn Mâjah, Ibn Hibbân et Al-Hâkim}

Avoir une totale confiance en Allah (At-Tawakkul) est le fait de réaliser que toute chose Lui appartient et qu'Il est le Seul à gérer cet univers.

Ce hadith nous explique que si nous avions l'intime conviction qu'Allah gère nos affaires dans tout ce qui nous est bénéfique et assure notre protection contre tout ce qui peut nous être nuisible (en réalisant les causes à cet effet), notre subsistance nous serait fournie à la manière dont les oiseaux sont nourris en quittant leur nid le matin le ventre vide pour revenir le soir rassasiés.

La confiance en Allah est évoquée plusieurs fois dans le noble Coran. Voici ma soeur quelques versets :

" le Seigneur du Levant et du Couchant. Il n'y a point de divinité à part Lui. Prends-Le donc comme Protecteur."
{Sourate 73 Al-Muzzamil, verset 9}

" Et place ta confiance en Le Vivant qui ne meurt jamais. Et par Sa louange, glorifie-Le. Il suffit comme Parfait Connaisseur des péchés de Ses serviteurs."
{Sourate 25 Al Furqane, verset 58}

" Place donc ta confiance en Allah, car tu es de toute évidence dans la vérité et le bon droit."
{Sourate 27 An-Naml, verset 79}

" Et Nous avions donné à Moïse le Livre dont Nous avions fait un guide pour les Enfants d'Israël: «Ne prenez pas de protecteur en dehors de Moi."
{Sourate 17 Al-Isra, verset 2}

"Raconte-leur l'histoire de Noé, quand il dit à son peuple:
"Ô mon peuple, si mon séjour (parmi vous), et mon rappel des signes d'Allah vous pèsent trop, alors c'est en Allah que je place (entièrement) ma confiance. Concertez-vous avec vos associés, et ne cachez pas vos desseins. Puis, décidez de moi et ne me donnez pas de répit." "
{Sourate 10 Yunus, verset 71}

"Il dit : " Ô mon peuple, voyez-vous si je me base sur une preuve évidente émanant de mon Seigneur, et s'Il m'attribue de Sa part une excellente donation ?... Je ne veux nullement faire ce que je vous interdis. Je ne veux que la réforme, autant que je le puis. Et ma réussite ne dépend que d'Allah. En Lui je place ma confiance, et c'est vers Lui que je reviens repentant." "
{Sourate Hud, verset 88}

Ces versets soulignent l'importance de la pleine confiance en Allah qui s'acquiert véritablement en ayant un certain degré de foi car cette confiance vient du coeur, de notre fort intérieur. Apprenons à mettre ces versets en pratique. Remettons notre sort entre les Mains d'Allah et ce dans tous les aspects de notre vie.

Et nombreux sont les exemples parmi notre bien aimé Prophète Muhammad ﷺ, les prophètes venus avant lui, ses compagnons ainsi que les pieux prédécesseurs qui l'ont suivi, les femmes vertueuses telles que Khadija (femme du Prophète ﷺ), 'Aïsha (femme du Prophète ﷺ), Maryam (mère de 'Issa), Assiya (femme de Pharaon) ou Fatima (fille du Prophète ﷺ) qu'Allah leur fasse miséricorde.

Ils sont des modèles et des exemples à suivre. Leurs histoires sont riches en enseignement. Intéressons-nous à leur vécu, à ce qu'ils ont traversé et soyons éblouis par leur degré de foi, leur patience à rude épreuve tant ils ont une confiance absolue en Allah.

Prenons l'exemple du Prophète Ibrahim (عَلَيْهِ ٱلسَّلَامُ). Il a subi de nombreuses épreuves très difficiles, mais a toujours placé sa pleine confiance en son Créateur :

Lors de l'épisode du bûcher :
Abû hurayrah rapporte que le Messager d'Allah ﷺ a dit :
**" Lorsque Ibrahim fut jeté dans le feu, il dit :
"Allah me suffit, Il est le meilleur garant." "**

Ainsi, Allah a fait que ce feu soit pour Ibrahim (عَلَيْهِ ٱلسَّلَامُ) une fraîcheur salutaire.

Ma douce
Souris pour Allah
Pleure pour Allah
Agis pour Allah
Avance vers Allah
Pas à pas
Vis pour Allah

Essuie tes larmes
Oublie tes peines
Car tu as le Meilleur Sauveur
Celui qui te connaît mieux
que tu ne te connais toi-même
Celui qui te guide
Vers la meilleure des voies
Celui qui te voit et t'entend
Où que tu sois

Peu importante ce qui te tourmente
Il te délivrera de ton affliction
Alors n'oublie pas de chercher refuge
auprès de Lui
Place toute ta confiance en Celui qui ne meurt
jamais

L'ÉVOCATION D'ALLAH

« Le rappel est pour le cœur ce que l'eau est pour le poisson. Comment est l'état du poisson quand il quitte l'eau ? » a dit Sheikh al-Islâm Ibn Taymiyyah.

Ma douce, sache qu'un coeur sans dhikr (évocation d'Allah) est un coeur mort !
Le dhikr est primordial dans notre vie. Il est même vital tel l'oxygène ou la nourriture.
Se priver du rappel d'Allah revient en réalité à priver un corps de nourriture. Si tu veux gagner l'amour de ton Seigneur, tu dois l'évoquer régulièrement. Nourris ton âme du dhikr tu verras ton coeur se tranquilliser et s'apaiser.

Le Prophète ﷺ a rapporté ce que son Seigneur a dit :

« Celui qui se souvient de Moi en lui-même, Je Me souviendrai de lui en Moi-Même. Celui qui me mentionne dans une assemblée, Je le mentionnerai dans une assemblée meilleure. »
{Cité par Al-Bukhari}

Quelques versets du Coran qui révèlent l'importance du dhikr :

« Souvenez-vous de Moi et Je Me souviendrai de vous. »
{Sourate 2, verset 152}

« Ceux qui ont cru, et dont les cœurs se tranquillisent (s'apaisent) à l'évocation d'Allah, n'est-ce point par l'évocation d'Allah que se tranquillisent (s'apaisent) les cœurs. »
{Sourate 3, verset 28}

«Ô ! Vous qui croyez ! Evoquez Allah d'une façon abondante et glorifiez-Le à la pointe et au déclin du jour. »
{Sourate 33, versets 41-42}

« Ceux et celles qui évoquent beaucoup Allah. Allah leur a réservé un pardon et une énorme récompense. »
{Sourate 33, verset 35}

«En vérité, dans la création des cieux et de la terre, et dans l'alternance de la nuit et du jour, il y a certes des signes pour les doués d'intelligence, qui, debout, assis, couchés sur leurs côtés, évoquent Allah ... »
{Sourate 3, versets 190-191}

« Quand vous avez accompli la Salat, invoquez Allah, debout, assis ou couchés sur vos côtés. Puis lorsque vous êtes en sécurité, accomplissez la Salat (normalement), car la Salat demeure, pour les croyants, une prescription, à des temps déterminés. »
{Sourate 4, verset 103}

« ... et invoquez beaucoup Allah afin que vous réussissiez. »
{Sourate 62, verset 10}

Motive-toi à pratiquer le dhikr car il permet de gagner aisément des hassanates. Le dhikr ne demande pas d'effort.

Tu peux le pratiquer quasiment en toutes circonstances en te promenant, en travaillant, en voiture, dans les transports... Tu peux facilement l'intégrer dans ton quotidien et tu en ressentiras les bénéfices si tu t'évertues à le faire avec entrain.

Il y a dans le dhikr plus de cent avantages. En voici quelques-uns :

- Il chasse Satan, le réprime et le brise.

- Il entraîne l'agrément d'Allah.

- Il dissipe les soucis et les angoisses du coeur.

- Il procure au coeur la joie et l'allégresse.

- Il illumine le visage et le coeur.

- Il fortifie le coeur et le corps.

- Il attire la subsistance.

- Il revêt l'invocateur de respect, de douceur et d'aspect agréable.

À l'inverse, ne pas pratiquer le dhikr ni invoquer Allah te rendra particulièrement vulnérable en étant exposée à tous les dangers sans aucun bouclier pour te protéger.

Chaykh Raslan a dit à propos du dhikr :

"C'est toi qui es à blâmer !
Si tu es atteint de quoi que ce soit de désagréable, et bien ne blâme que ta propre personne !
Les formules d'évocation du matin et du soir, par exemple, sont plus importantes que la respiration !
Elles se doivent d'être une règle à laquelle on ne déroge pas !
Plus importantes que la respiration !
Prends garde à ne pas les négliger !
Car si tel est le cas, et bien tu te seras engagé dans la bataille sans aucune arme !
Poitrine découverte !
Et tu auras fait de toi une cible pour un ennemi qui ne te fera aucune pitié !"

Voici quelques exemples de formules de dhikr et leurs mérites :

Abou Hourayra (qu'Allah soit satisfait de lui) a rapporté que le Messager d'Allah (paix et bénédiction d'Allah soient sur lui) a dit :
"Celui qui dit :"SubhaanAllah wa bihamdihi", cent fois par jour, sera pardonné de tous ses péchés, même s'ils sont équivalents à l'écume de la mer."
{Mouslim, 2691/28}

La ilaha illa Allah : est la meilleure formule de dhikr
Attache-toi à répéter la formule "Nul divinité sauf Allah" (La ilaha illa Allah) car c'est la meilleure formule de dhikr. Elle recèle des trésors de par sa science éminente.

Le Prophète ﷺ a dit à propos de cette formule :
« La meilleure parole prononcée par moi et par les prophètes avant moi c'est la formule : nul divinité sauf Allah ».

Sache donc que cette formule sacrée, c'est la parole du tawhid (affirmation de l'unicité divine).

D'après Abu Hourayra, qu'Allah l'agrée, le Prophète ﷺ a dit :

« Celui qui, après chaque prière, dit subhan'Allah 33 fois, al hamdoulillah 33 fois, Allahu Akbar 33 fois puis complète la centaine en disant :

« Il n'y a de divinité digne d'être adorée qu'Allah, Seul sans associé, à Lui appartiennent la royauté et les louanges et Il est capable de toute chose »,

ses péchés seront pardonnés, même s'ils sont comme l'écume de la mer. »

{Muslim, authentifié par cheikh al Albani (As-Sahiha 100)}

LA LECTURE ET LA MÉDITATION DU CORAN

À l'heure où cette vie mondaine va très vite, où les réseaux sociaux, les écrans, nos téléphones prennent une place imposante dans nos vies, le noble Coran a malheureusement été réduit pour beaucoup d'entre nous à un simple objet de décoration qui se recouvre chaque jour de poussière.

Ma soeur, ne néglige pas le Coran. Il est un guide et une lumière pour nos coeurs. Fais du Coran ton compagnon et instaure une routine de lecture. Lis et médite sur les paroles du Très Haut. Le plus important est d'être régulier et de méditer sur les versets de notre Créateur tout en avançant pas à pas sans se brusquer.

Goûte à la saveur de Ses versets et laisse ton coeur s'imprégner des sages paroles du Très Haut.

Prends le temps de lire et de méditer sur les paroles d'Allah ; cela est plus profitable pour toi que de le lire de manière superficielle et distraite.

"De façon générale, rien n'est plus utile au coeur que la lecture du Coran avec méditation et réflexion. (...) Si les gens savaient tout ce que renferme la lecture du Coran avec méditation, ils auraient tout délaissé pour s'y adonner.

Celui qui lit avec réflexion et s'arrête sur un verset dont il a besoin pour soigner son coeur se doit de le répéter, même s'il doit le faire cent fois, voire toute une nuit, car lire un verset avec réflexion et méditation est préférable à la lecture du Coran en entier sans méditer dessus, ni à chercher à en comprendre le sens.

Cela est également plus profitable pour le coeur et plus propice à l'obtention de la foi et à la dégustation de la saveur du Coran."

{Ibn Al-Qayyim rahimahu Allah, Miftâh Dâr As Sa'âda}

Ma soeur, les mérites de la lecture du Coran sont inestimables ! Il est une source inépuisable de bienfaits !

D'après Ibn Mass'oud (qu'Allah l'agrée), le Prophète ﷺ a dit:

« Celui qui lit une lettre du livre d'Allah a pour cela une bonne action et la bonne action compte 10 fois. Je ne dis pas que Alif Lam Mim est une lettre mais Alif est une lettre, Lam est une lettre et Mim est une lettre ».

{Rapporté par At-Tirmidhi dans ses Sounan n°2910}

Sais-tu que le Coran intercédera en notre faveur au jour du jugement dernier ?

À ce sujet, notre noble Prophète ﷺ a dit dans un hadith rapporté par Muslim :

« Lisez le Coran ! Le jour de la résurrection, il viendra intercéder en faveur de celui qui le récite. »

Cesse de te priver de cet immense bienfait que représente la lecture du Coran. Aussi, prends le temps de le lire avec réflexion et méditation. Ne le laisse pas prendre la poussière. Instaure une routine quotidienne sans vouloir en faire trop car cela pourrait produire l'effet inverse et tu finirais par te décourager et abandonner tes efforts.

Prends la décision ferme de le lire quotidiennement. Ma douce, ne laisse plus un jour passer sans lire ne serait-ce que quelques versets car tu es récompensée pour chaque lettre que tu liras. N'est-ce pas incroyable et enthousiasmant ?

Le Messager d'Allah ﷺ a dit:
« Celui qui lit une lettre du livre d'Allah (le Coran) obtient pour cela une bonne action et la bonne action compte 10 fois. Je ne dis pas que Alif Lam Mim est une lettre mais Alif est une lettre, Lam est une lettre et Mim est une
lettre ».
{At-Tirmidhi 2910, authentifié par sheikh al Albani}

<u>Conseil :</u>

Commence par exemple par lire une page par jour, puis augmente progressivement le nombre de pages à lire en veillant à ne pas te hâter d'en faire trop au risque d'abandonner.

Le plus important est d'être régulière. Invoque Allah pour qu'Il te facilite afin que tu ne délaisses plus le noble Coran.

Le Coran reste et restera le meilleur de tous les livres !

Il doit occuper une place dans nos coeurs et non sur une étagère !

LE CORAN EST UNE GUÉRISON

Connais-tu les bienfaits du Coran ? Sais-tu que ce livre sacré est une guérison pour ton coeur et le meilleur des médicaments ? Comment pourrait-on douter de la puissance de la parole de notre Créateur ?

Allah Le Tout Puissant nous décrit dans de nombreux versets le Coran comme étant une guérison pour les coeurs.

Le Très Haut nous dit :
«Ô gens! Une exhortation vous est venue, de votre Seigneur, une guérison de ce qui est dans les poitrines, un guide et une miséricorde pour les croyants.»
{Sourate Yunus, verset 57}

«Nous faisons descendre du Coran, ce qui est une guérison et une miséricorde pour les croyants. Cependant, cela ne fait qu'accroître la perdition des injustes.»
{Sourate Al isra, verset 82}

Le noble Coran constitue donc un moyen de guérir les coeurs ainsi que les troubles qui touchent les gens.

Qatada رحمه الله, un célèbre savant ancien dans l'interprétation du Coran a dit :
"Assurément, il y a dans le Coran, votre maladie et votre remède. Votre maladie ce sont les pêchés.
Quant à votre remède, c'est le fait d'implorer le pardon d'Allah, al istighfar."

Ainsi, le Coran a évoqué la maladie et son remède.
Si le cœur est malade, cette maladie va se propager dans l'ensemble du corps. L'ensemble des membres et des organes seront contaminés.
Et s'il est en bonne santé, engagé dans la voie droite, cette rectitude et cette piété vont se propager dans l'ensemble du corps.

Les membres et les organes seront touchés par cet état de piété.

À ce propos, le Messager d'Allah ﷺ a dit :

«Assurément, il y a dans le corps un morceau de chair. Quand il est pur, en bonne santé, tout le reste du corps l'est également. Et quand il est malade, corrompu, tout le reste du corps l'est également. Certes, ce morceau de chair c'est le cœur.»

{Hadith authentique rapporté par les imams Al-Boukhari et Mouslim}

En somme, le cœur occupe une place essentielle et d'une importance capitale.

Si le coeur est pur, le reste du corps le sera et à l'inverse si le coeur est perverti, il en sera de même pour tout le corps. Les actes et les intentions de l'être humain ne sont que les conséquences de l'état de son cœur.

Voici quelques exemples qui aident à mieux comprendre l'impact de l'état du coeur sur tout le corps :

- Si le coeur d'une personne n'est pas noirci par les péchés et est en bonne santé, sa langue le sera aussi. Elle ne mentira pas et ne basculera pas dans la médisance, la calomnie ou la vulgarité.

- Son coeur qui est en bonne santé aura un impact positif sur sa langue qui prononcera de bonnes paroles.

- Ses oreilles et par conséquent son ouïe le seront également. Elle n'écoutera que le licite tel que le Coran, et n'écoutera pas ce qui n'est pas permis telle que la musique par exemple.

- Il en sera de même pour ses yeux également. Cette personne n'utilisera pas ses yeux pour regarder l'illicite ou les choses qu'Allah nous a interdites.

- Elle utilisera ses pieds non pas pour se rendre dans des lieux illicites mais pour se rendre dans des lieux qu'Allah a agréé.

Parmi les moyens pour obtenir la guérison par le Coran, il y a ce qu'on appelle ar Ruqya ash Shar3iya (l'exorcisme légiféré) qui consiste grossièrement à réciter du Coran sur nous- même ou sur la personne malade.

De nombreux récits prophétiques montrent que le Prophète ﷺ se soignait ainsi ou soignait les autres. Il utilisait ce remède en récitant notamment la sourate al Fatiha, le verset du Trône (Ayat al Kursi) ainsi que les trois dernières sourates.

Un grand nombre de hadiths démontrent l'importance de ce verset et ces sourates qui nous préservent des dangers.

Cependant, ce serait une erreur de penser que la Ruqya est le seul remède dans la recherche de la guérison par le Coran. Bien entendu, la Ruqya fait partie des causes de la guérison par le Coran mais elle n'est seulement qu'un de ses aspects.

La Ruqya fait partie de la guérison par le Coran.
De ce fait, la guérison par le Coran ne se réduit pas à la Ruqya. Cela est beaucoup plus vaste et profond.

Il ne s'agit pas de lire très rarement le Coran et de n'y retourner que lorsqu'un mal nous touche.

Ma soeur, il faut nous soucier de ce à quoi appelle le Coran. Nous devons prendre le temps de méditer sur la signification profonde des versets. Nous devons lire le livre d'Allah et mettre en application ce qu'il nous enseigne.

Ibn Al-Qayyim رحمه الله a dit :

«Quand tu lis le noble Coran, et que tu passes par un passage, ou un verset dont tu as besoin, ou qui te concerne, ou qui concerne un vice que tu peux avoir, un mal, ou un défaut, ce qu'il faut faire, c'est répéter le verset ou le passage qui te concerne. Voilà ce qui te sera bénéfique.»

Ainsi, tu répètes ou tu relis ce passage en ayant le coeur présent et tu consultes les ouvrages de Tafsir (exégèse), pour t'aider à mieux saisir la signification du verset. Voilà ce qui te sera hautement bénéfique.
Il faut lire autant de fois que nécessaire un verset ou un passage avec un coeur présent et non distrait. Tu te concentres sur ce verset ou passage par lequel tu es concernée afin de guérir ce mal qui te ronge de l'intérieur.
Cela est bien plus gratifiant que de lire le Coran en entier. Prends le temps de méditer sur la signification profonde des paroles du Très Haut.

Conseil :
Tu peux t'aider d'un Tafsir (exégèse du Coran), par exemple celui d'Ibn Kathir pour mieux comprendre le sens des versets du Coran.

Quand nous lisons le Coran, nous passons par des versets bénis et grandioses pour soigner nos cœurs de ses ambiguïtés et de ses pulsions.

Mais l'effet sur nous est faible voire inexistant.

Pourquoi donc ?
Parce qu'on ne médite point sur la signification des versets du noble Coran. Nous ne prenons pas le temps de nous arrêter et de réfléchir au message que notre Créateur nous adresse. Nous lisons en passant d'un verset à un autre, alors que peut-être nous avons lu sans prêter attention, un verset qui aurait pu prodiguer des soins à notre coeur endolori et à notre âme écorchée en vue de nous guérir avec la permission d'Allah.

Allah nous dit :

«Ne méditent-ils donc pas sur le Coran ? S'il provenait d'un autre qu'Allâh, ils y trouveraient certes maintes contradictions !»
{Sourate an Nisa, verset 82}

«Ne méditent-ils pas sur le Coran? Ou y a-t-il des cadenas sur leurs coeurs ?»
{Sourate Mouhammad, verset 24}

«[Voici] un Livre béni que Nous avons fait descendre vers toi, afin qu'ils méditent sur ses versets et que les doués d'intelligence réfléchissent !»
{Sourate Sad, verset 29}

«Certes, ce Coran guide vers ce qu'il y a de plus droit.»
{Sourate Al-Isra, verset 9}

Ma douce tu l'auras compris, si nous ne ressentons pas l'effet du Coran sur nous, c'est parce que nous ne prenons pas le temps de nous attarder sur les paroles d'Allah. Arrêtons-nous sur ces versets bénis qui font frémir nos coeurs afin de les soigner. Le Coran est donc un véritable trésor qui contient des versets majestueux et extrêmement bénéfiques à chacun si nous prenons le temps de saisir les paroles sacrées de notre Seigneur. Il est une guérison pour nos coeurs. Qu'Allah fasse que le Coran devienne le printemps de nos coeurs.

<u>Voici une magnifique douaa que je te conseille d'apprendre :</u>
Le Prophète ﷺ a dit :

« Pas une personne touchée par un souci ou une tristesse ne dit : « Ô mon Seigneur je suis Ton serviteur, fils de Ton serviteur, fils de Ta servante. Mon toupet est dans Ta Main. Ton jugement s'accomplit sur moi, Ton décret est juste à mon égard. Je Te demande par tous les noms qui t'appartiennent, avec lesquels Tu t'es nommé, ou que Tu as enseigné à l'une de Tes créatures, ou que Tu as révélé dans Ton Livre, ou bien que Tu as gardé secret dans Ta science de l'invisible, de faire le Coran le printemps de mon coeur, la lumière de ma poitrine, la dissipation de ma tristesse et la fin de mes soucis »sans qu'Allah ne lui retire ses soucis et sa tristesse et les remplace par un soulagement. »
On lui demanda : « Ô Messager d'Allah ! Devons-nous l'apprendre ? » Il répondit : « Bien sûr, il convient à tous ceux qui l'entendent de l'apprendre. »

LES MÉRITES DE PRIER SUR NOTRE PROPHÈTE ﷺ

Connais-tu l'importance et les mérites de prier sur notre Prophète ﷺ ?

Allah dit :
« Certes, Allah et Ses Anges prient sur le Prophète ﷺ ; Ô vous qui croyez priez sur lui et adressez-lui vos salutations. »
{Sourate 33, verset 56}

Notre Créateur nous a donné l'ordre de prier sur notre bien aimé Prophète ﷺ.
En priant sur lui, tu te rapproches d'Allah et obéis à Ses ordres.
Le Très Haut l'a élu pour la transmission de Sa religion. Allah l'a choisi pour l'amour qu'Il lui voue et pour l'agrément qu'Il lui réserve.

Ma douce, prier sur le Prophète ﷺ est très méritoire :

Allah réserve à celui qui prie sur le Prophète ﷺ dix fois plus de récompenses.

«Celui qui prie sur moi une seule fois, Allah lui en décuplera la récompense».

{Rapporté dans un hadith par Al-Bukhari}

D'après Anas (qu'Allah l'agrée), le Prophète ﷺ a dit :

« Celui qui prie une prière sur moi, Allah prie sur lui dix prières, il lui enlève pour cela dix péchés et il l'élève pour cela de dix degrés ».

{Rapporté par Nasai et authentifié par Cheikh al Albani dans Sahih Targhib n°1657}

La prière sur le Prophète ﷺ donnera faveur à son intercession le jour de la résurrection.

L'imam At-Tabarani rapporte que le Prophète ﷺ a dit :

« Quiconque dit "Seigneur, prie sur Muhammad et accorde lui la station rapprochée auprès de Toi le jour de la résurrection" aura mérité mon intercession. »

Le Prophète a dit: « Les gens qui mériteront le plus ma proximité le Jour de la Résurrection sont ceux qui auront le plus prié sur moi. »

{Rapporté par At-Tirmidhi}

Par ailleurs :

"Priez sur moi le jour du vendredi et sa nuit. Celui qui agit de la sorte, je serai pour lui un témoin et un intercesseur le Jour de la Résurrection."

Ainsi, celui qui prie le plus sur le Prophète ﷺ aura la priorité de son intercession et méritera d'être le plus proche auprès de Lui.

La prière sur le Prophète ﷺ ouvre les portes du Paradis ! Abdurraham Ibn Awf rapporte que le Prophète ﷺ a dit :

"L'ange Gabriel a dit : Ô Muhammad ﷺ quiconque de ta communauté prie sur toi, soixante-dix mille anges le bénissent, et celui qui est béni par les anges fait partie des gens du Paradis."

La prière sur le Messager d'Allah ﷺ sera une lumière sur le Sirat.

Le Sirat désigne un pont fin comme un cheveu, installé au-dessus de l'Enfer que les hommes auront à traverser le jour de la résurrection avec plus ou moins de difficultés, chacun selon son mérite.

Abu Huraira rapporte que le Prophète ﷺ a dit **« Et je vis un homme de ma communauté tantôt rampant sur le sirât et tantôt s'y accrochant, puis vint (à son secours) sa prière sur moi et le redressa sur ses jambes et le sauva. » "Pour celui qui prie sur moi, il y a une lumière sur le Sirat, et celui qui est sur le Sirat en faisant partie des Gens de la lumière ne fera pas partie des gens du feu.»**

La prière sur le Messager d'Allah ﷺ nous procure une réponse de sa part et ce en vertu du hadith rapporté par Abou Dawoud d'après Abou Hurayrah: « Nul ne me salue, sans qu'Allah ne me restitue mon esprit afin que je réponde à ses salutations. »

Autre Hadith d'Imam Al-Boukhari qui dit :

«La meilleure de vos journées est le vendredi, multipliez donc la prière sur moi ce jour-là, car elle me parviendra à chaque fois». On lui demanda alors: «Comment te parviendrait-elle alors que tu ne seras que poussière?» Le Prophète a répondu: Allah a interdit à la terre de détruire le corps des prophètes, un Prophète est toujours vivant.»

Dans un autre hadith, nous pouvons lire :

«Dieu le Très Haut a chargé les anges de me faire parvenir la prière et le salut de chaque membre de ma communauté... Donc, où que vous soyez, priez sur moi, j'en serai informé et votre prière me parviendra.»

La prière sur le Prophète ﷺ procure les bénédictions d'Allah.
Il est rapporté que le Prophète ﷺ a dit :

« Chaque fois que quelqu'un demande des bénédictions sur moi, vantant mon droit, l'Allah, crée de ses mots un ange avec des ailes tendant de l'Est à l'Ouest, de pieds connectés à la partie la plus basse du Trône. Allah, lui dit : 'Bénissez Mon esclave comme il demande des bénédictions sur Mon Prophète et sur ce l'ange le bénira jusqu'au Jour de Résurrection. »

Enfin, Ibn Al-Qayyim al-Jawzi dans son livre intitulé "Jalâ Afhâm fî Fadhl Salât ala khaïr Anâm" a cité près de quarante raisons et mérites de prier sur notre Prophète ﷺ.

<u>Conseil :</u>
Si tu souhaites connaître en détail la vie de notre Messager ﷺ, je te conseille les livres (plusieurs livres en un, 4 volumes) "Zâd al ma'âd Muhammad ﷺ modèle de la réussite" d'ibn Al-Qayyim.

L'INVOCATION FAIT PARTIE
DES REMÈDES LES PLUS UTILES

Ma douce, nous croyons au destin qui fait partie des six piliers de la foi. L'invocation permet entre autres de repousser les malheurs qui nous étaient prédestinés.

Elle permet de nous prémunir tel un bouclier contre tous les méfaits qui nous entourent qu'ils soient visibles ou non.

Sans invoquer Allah, nous nous exposons aux dangers qui nous entourent qu'ils appartiennent au monde visible ou au monde de l'invisible comme par exemple le mauvais oeil.

Allah est le Connaisseur de toute chose. Sache que rien n'échappe à notre Créateur ; pas même la moindre feuille qui tombe, la moindre mouche qui vole, la moindre fourmi qui se déplace ...

"Allah, le Transcendant cerne tout par Sa connaissance.
C'est Lui qui détient les clefs de l'inconnaissable. Nul autre que Lui ne les connaît. Et Il connaît ce qui est dans la terre ferme, comme dans la mer. Et pas une feuille ne tombe qu' Il ne le sache. Et pas une graine dans les ténèbres de la terre, rien de frais ou de sec, qui ne soit consigné dans un livre explicite. Et, la nuit, c' est Lui qui prend vos âmes, et Il sait ce que vous avez acquis pendant le jour. Puis Il vous ressuscite le jour afin que s' accomplisse le terme fixé. Ensuite, c' est vers Lui que sera votre retour, et Il vous informera de ce que vous faisiez. "
{Sourate 6, versets 59-60}

Ibn Al-Qayyim a dit (dans son livre "Péchés et Guérison") :
"L'invocation est un remède des plus bénéfiques. Elle est l'ennemie du mal : elle le repousse, lutte contre lui, l'empêche, le fait disparaître ou l'amenuise, et elle est l'arme du croyant."

'Alî Ibn Abî Tâlib رضي الله عنه rapporte que le Messager d'Allah ﷺ a dit:
"L'invocation est l'arme du croyant, le pivot de la religion, et la lumière des cieux et de la terre."

'Â-ishah رضي الله عنه rapporte que le Messager d'Allah ﷺ a dit:
"La précaution n'empêche pas la prédestination. L'invocation est utile face à ce qui survient et ce qui ne survient pas. Le mal peut descendre, voir l'invocation venir à sa rencontre, et qu'ils s'entrechoquent jusqu'au Jour de la Résurrection."
{Sahîh Al-Jâmi' – 6/241}

Ibn 'Umar رضي الله عنه rapporte que le Messager d'Allah ﷺ a dit :
"L'invocation est utile face à ce qui survient et ce qui ne survient pas, alors invoquez ô serviteurs d'Allah ! "
{Sahîh Al-Jâmi' – 3409}

L'invocation permet d'établir un lien direct avec notre Créateur. À travers l'invocation, se cache une forme d'adoration. C'est en invoquant Allah que l'on reconnait Son immensité et Sa puissance. Nous reconnaissons qu' Il est Le Seul Capable de toute chose et qu'Il est le Maître de nos destins. Nous reconnaissons avoir besoin de Lui et ce tout au long de notre vie.

Ma soeur, tu as besoin et j'ai besoin d'Allah. Nous avons tous besoin de Lui à chaque instant pour obtenir un bien dans ce monde et dans l'autre.

Nous ne devons pas négliger les invocations.
Prends soin d'invoquer abondamment Ton Seigneur et prends soin de faire tes invocations (Adkhars en arabe) du matin et du soir.

D'après 'Abdallah Ibn 'Abbas (qu'Allah les agrée lui et son père), le Prophète ﷺ a dit :
« La meilleure adoration est l'invocation ».
{Rapporté par Al Hakim et authentifié par Cheikh al Albani dans la Silsila Sahiha n°1579}

Voici des exemples d'invocations du matin et du soir (authentifiées par Cheikh al Albani) :

Français

Nous voilà au matin [ou au soir] et le règne appartient à Allah. Louange à Allah, Il n'y a pas d'autre divinité sauf Allah Seul, sans associé. À Lui la royauté, à Lui la louange et Il est capable de toute chose. Seigneur ! Je Te demande le bien de ce jour [ou qui se trouve en cette nuit] et le bien qui vient après. Et je me mets sous Ta protection contre le mal de ce jour [ou qui se trouve en cette nuit] et le mal qui vient après. Ô Seigneur ! Je me mets sous Ta protection contre la paresse et les maux de la vieillesse. Je demande Ta protection contre le châtiment de l'Enfer et contre les tourments de la tombe.

Arabe

أَمْسَيْنا وَأَمْسَى الْمُلكُ لله وَالحَمدُ لله ،
لا إلهَ إلّا اللّهُ وَحدَهُ لا شَريكَ له، لهُ الْمُلكُ ولهُ الحَمْد،
وهُوَ على كلّ شَيءٍ قدير ، رَبّ أَسأَلُكَ خَـيرَ ما في هـذهِ
اللَّيْلَةِ وَخَـيرَ ما بَعْدَهـا ، وَأَعـوذُ بِكَ مِنْ شَـرِّ هـذهِ اللَّيْلةِ
وَشَرِّ ما بَعْدَهـا ، رَبّ أَعـوذُبِكَ مِنَ الْكَسَـلِ وَسوءِ الْكِبَـر ،
رَبّ أَعـوذُبِكَ مِنْ عَـذابٍ في النّارِ وَعَـذابٍ في القَـبر

Français

Le matin :

Ô Seigneur ! C'est par Toi que nous nous retrouvons au matin [ou au soir] et c'est par Toi que nous nous retrouvons au soir [ou au matin]. C'est par Toi que nous vivons et c'est par Toi que nous mourons et c'est vers Toi que se fera la résurrection [ou c'est vers Toi que se fera notre destinée].

Le soir:

Ô Seigneur ! C'est par Toi que nous nous retrouvons au soir et c'est par Toi que nous nous retrouvons au matin. C'est par Toi que nous vivons et c'est par Toi que nous mourons et c'est vers Toi que se fera notre destinée.

Arabe

اللّهُـمَّ بِكَ أَصْـبَحْنا وَبِكَ أَمْسَـينا ، وَبِكَ نَحْـيا وَبِكَ نَمـوتُ وَإِلَـيْكَ النُّـشور اللّهُـمَّ بِكَ أَمْسَـينا، وَبِكَ أَصْـبَحْنا، وَبِكَ نَحْـيا، وَبِكَ نَمـوتُ وَإِلَـيْكَ المَصير

Français

Ô Seigneur ! Tu es mon Dieu. Il n'y a d'autre divinité que Toi. Tu m'as créé et je suis ton esclave, je me conforme autant que je peux à mon engagement et à ma promesse vis-à-vis de Toi. Je me mets sous Ta protection contre le mal que j'ai commis. Je reconnais Ton bienfait à mon égard et je reconnais mon péché. Pardonne-moi car Il n'y a que Toi qui pardonne les péchés.

Arabe

اللّهُـمَّ أَنْتَ رَبِّي لا إلَهَ إلاّ أَنْتَ ، خَلَقْتَنِـي وَأَنا عَبْـدُك ، وَأَنا عَلـى عَهْـدِكَ وَوَعْـدِكَ ما اسْتَطَعْـت ، أَعـوذُبِكَ مِنْ شَـرِّ ما صَنَـعْت ، أَبـوءُ لَكَ بِنِعْـمَتِـكَ عَلَيَّ وَأَبـوءُ بِذَنْبي فَاغْفِـرْ لي فَإِنَّـهُ لا يَغْفِـرُ الذُّنـوبَ إلاّ أَنْتَ

Français

Ô Seigneur ! Me voici au matin [ou au soir], je Te prends à témoin et je prends à témoins les porteurs de Ton Trône ainsi que Tes anges et toutes tes créatures, que c'est Toi Allah, il n'y a de divinité que Toi, Tu es Seul et sans associé, et que Mohammed est Ton esclave et Ton messager. [quatre fois]"

Arabe

اللّهُـمَّ إِنِّي أَصْبَـحْتُ أُشْـهِدُك ،
وَأُشْـهِدُ حَمَلَـةَ عَـرْشِك ، وَمَلائِكَتِك ، وَجَمـيعَ خَلْـقِك ،
أَنَّكَ أَنْـتَ اللّهُ لا إلهَ إلاّ أَنْـتَ وَحْـدَكَ لا شَريكَ لَك ،
وَأَنَّ مُحَمّـداً عَبْـدُكَ وَرَسـولُك .أربع مرات حينَ يصْبِح أوْ
يمسي

Français

Ô Seigneur ! Tout ce qui m'arrive comme bienfaits en ce jour qui se lève [ou ce soir], à moi ou à l'une de Tes créatures, provient de Toi Seul, sans associé. A Toi la louange ainsi que la gratitude.

Arabe

اللّهُمَّ ما أَصْبَحَ بي مِنْ نِعْمَةٍ أَو بِأَحَدٍ مِنْ خَلْقِك ، فَمِنْكَ وَحْدَكَ لا شريكَ لَك ، فَلَكَ الْحَمْدُ وَلَكَ الشُّكْر

Français

Ô Seigneur ! Tu es mon Dieu. Il n'y a d'autre divinité que Toi. Tu m'as créé et je suis ton esclave, je me conforme autant que je peux à mon engagement et à ma promesse vis-à-vis de Toi. Je me mets sous Ta protection contre le mal que j'ai commis. Je reconnais Ton bienfait à mon égard et je reconnais mon péché. Pardonne-moi car Il n'y a que Toi qui pardonne les péchés.

Arabe

اللّهـمَّ أَنْتَ رَبِّي لا إلهَ إلاّ أَنْتَ ، خَلَقْتَنـي وَأَنا عَبْـدُك ، وَأَنا عَلـى عَهْـدِكَ وَوَعْـدِكَ ما اسْتَـطَعْـت ، أَعـوذُبِكَ مِنْ شَـرِّ ما صَنَعْـت ، أَبـوءُ لَكَ بِنِعْـمَتِـكَ عَلَيَّ وَأَبـوءُ بِذَنْبي فَاغْفِـرْ لي فَإِنَّهُ لا يَغْـفِـرُ الذُّنـوبَ إلاّ أَنْـتَ

Français

Ô Seigneur ! Accorde-moi la santé (ou le salut). Ô Seigneur ! Accorde la santé à mon ouïe. Ô Seigneur ! Accorde la santé à ma vue. Il n'y a de divinité qu'Allah. Ô Seigneur ! Je cherche protection auprès de Toi contre la mécréance, la pauvreté et je me mets sous Ta protection contre les tourments de la tombe. Il n'y a pas de divinité sauf Toi. [trois fois]

Arabe

اللّهُـمَّ عافِـني في بَدَني ، اللّهُـمَّ عافِـني في سَمْـعي ، اللّهُـمَّ عافِـني في بَصَـري ، لا إلهَ إلاّ اللّهُ أَنْـتَ اللّهُـمَّ إِنّي أَعـوذُبِكَ مِنَ الْكُـفر ، وَالفَـقْر ، وَأَعـوذُبِكَ مِنْ عَذابِ القَـبْر ، لا إلهَ إلاّ أَنْـتَ . ثلاثاً

Français

Allah me suffit, il n'y a de divinité que Lui, c'est en Lui que je place ma confiance et Il est le Seigneur du Trône immense. [sept fois]

Arabe

حَسْبِيَ اللّهُ لَا إِلَهَ إِلَّا هُوَ عَلَيْهِ تَوَكَّلْتُ وَهُوَ رَبُّ العَرْشِ العَظِيم [سَبْعَ مَرَّاتٍ]

Français

Ô Seigneur ! Je te demande le pardon et la santé dans cette vie et dans l'au-delà. Ô Seigneur ! Je Te demande le pardon et la paix dans ma religion, ma vie, ma famille et mes biens. Ô Seigneur ! Cache mes défauts et mets-moi à l'abri de tous mes effrois. Ô Seigneur ! Protège-moi devant moi, derrière moi, sur ma droite, sur ma gauche et au-dessus de moi et je me mets sous la protection de Ta grandeur pour que je ne sois pas assassiné par en dessous de moi.

Arabe

اللّهُمَّ إِنِّي أَسْأَلُكَ الْعَفْوَ وَالعـافِـية فِي الدُّنْيا وَالآخِرَة ،
اللّهُمَّ إِنِّي أَسْأَلُكَ الْعَفْوَ وَالعـافِـيةَ فِي دِيني
وَدُنْـياي وَأَهْـلـي وَمـالِي ، اللّهُـمَّ اسْتُـرْ عـوْراتي وَآمِنْ رَوْعاتي
،

اللّهُمَّ احْفَظْـني مِنْ بَـينِ يَدَيَّ وَمِن خَلْفـي
وَعَن يَمـيني وَعَن شِمـالي ، وَمِن فَوْقـي ،
وَأَعـوذُ بِعَظَمَـتِكَ أَن أُغْـتالَ مِن تَحْتـي

RÉUNIS TOUTES LES CONDITIONS POUR QUE TON INVOCATION SOIT EXAUCÉE

Réjouis-toi ma soeur !

Le Tout Puissant, de par Son immense générosité, nous offre plusieurs occasions d'être exaucé. Il y a des circonstances et des moments durant lesquels les invocations sont plus propices à l'exaucement.

Prenons conscience de notre privilège d'avoir été guidés vers la bonne croyance qui est sans conteste véridique et saisissons les opportunités incroyables que notre Seigneur nous accorde.

Comment peut-on désespérer de la miséricorde d'Allah quand de telles aubaines se présentent à nous ?

Voici 6 moments où les invocations sont exaucées :

- Entre al-adhan (l'appel de la prière) et al-iqâmah (l'appel pour faire la prière).

- Durant le dernier tashahoud dans la prière.

- Durant le soujoud (prosternation dans la prière).

- Les dernières heures durant la journée du joumou'a (vendredi).

- Lors du dernier tiers de la nuit.

- Durant la pluie.

Les occasions et circonstances sont nombreuses pour être exaucé.

En voici quelques autres :
Au moment de boire l'eau de Zamzam. À ce propos, Djaber (paix et salutations sur lui) a rapporté que le Prophète ﷺ a dit :
"L'eau de Zamzam est d'une efficacité absolue. "
{Rapporté par Ahmad et jugé authentique par al-Albani dans Sahih al-Djamee (5502}

L'invocation prononcée par une personne lésée. Un hadith dit à ce sujet :
"Redoutez l'invocation prononcée par la victime d'une injustice car aucune barrière ne l'empêche de parvenir à Allah."
{Rapporté par al-Bukhari, 469 et par Mouslim, 19}

Le Prophète ﷺ dit encore :
"L'invocation d'une personne lésée est exaucée, même si son auteur était pervers car sa perversion ne concerne qu'elle."
{Rapporté par Ahmad. Voir Sahih al-Djaame (3382)}

L'invocation faite par le père au profit de son enfant et celle du jeûneur au terme de son jeûne et celle du voyageur.

À l'évidence, il a été rapporté de manière sûre que notre Prophète  a dit :
"Trois invocations ne sont pas rejetées : celle faite pour un père au profit de son enfant, celle prononcée par un jeûneur et celle du voyageur."
{Rapporté par al-Bayhaqui. Le hadith est cité dans Sahih al-djamee (2032) et dans as-Sahihah (1797)}

À l'usage de la formule :

"Il n'y a pas de divinité en dehors de Toi. Certes, je fais partie des injustes."

Le Prophète  a dit :

«L'invocation prononcée par Dhounnoun (surnom de Jonas) avalé par la baleine se présente en ces termes : Il n'y a pas de divinité en dehors de Toi. Certes, je fais partie des injustes. (la mettre en arabe) Un musulman ne l'emploie jamais sans obtenir l'exaucement de la part d'Allah. »

{Rapporté par At-Tirmidhi et jugé authentique dans Sahih al-Djamee (3383)}

Ma soeur, je t'encourage vivement à faire cette cause le plus de fois possible, si tu veux qu'Allah te pardonne ou t'exauce :

Lorsque tu veux aller te coucher, fais alors tes ablutions puis dors en état d'ablutions.

Et si tu te réveilles au cours de ton sommeil dans la nuit, récite l'invocation du hadith suivant :

Il est authentifié dans Al-Boukhari que le Prophète ﷺ a dit :

«Celui qui se réveille de son sommeil et dit :

«Il n'y a pas de divinité digne d'adoration si ce n'est Allâh l'Unique sans associé, à Lui la royauté et à Lui la louange et Il est capable de toute chose. Toutes les louanges appartiennent à Allâh et Gloire et pureté à Allâh, et il n'y a nulle divinité digne d'être adorée si ce n'est Allâh et Allâh est le Plus Grand et il n'y a de puissance ni de force qu'en Allâh »

Puis qui dit :

«Ô Seigneur pardonne-moi»

Ou invoque alors il sera exaucé.

Et s'il fait ses ablutions et prie, sa prière sera acceptée. »

L'invocation en arabe :

لا إلهَ إلاّ اللّهُ وَحْدَهُ لا شَريكَ له، لهُ المُلكُ ولهُ الحَمـد،
وهوَ ع كلّ شيءٍ قدير، الحمْدُ لله ،و سُبْحانَ اللّهِ، ولا إلهَ
إلاّ اللّهُ واللّهُ أكبَر، وَلا حَولَ وَلا قوّة إلاّ باللّهِ

La ilaha illa Allah wahdahou la charika lah lahoul moulk wa lahoul hamd wa houwa 'ala kouli chay in qadir. Al hamdoulillah, wa soubhanAllah, wa la ilaha illa Allah, wa Allahou Akbar, wa la hawla wa la quwata illa billah

Si tu te demandes pourquoi tu n'es pas exaucée, ce rappel explique en partie les raisons :

On raconte qu'Ibrahim ibn Adham passa près du marché de la ville de Basra. Un groupe de gens se rassemblèrent autour de lui et dirent :

" O Abû Ishâq ! Nous invoquons Allah mais nous ne sommes pas exaucés. Quelle en est la raison ?

- Parce que vos coeurs sont morts à cause de ces dix mauvaises qualités :

- La première : Vous connaissez Allah mais vous ne vous acquitez pas de Ses droits.

- La deuxième : vous prétendez aimer l'Envoyé d'Allah Salallahu aleyhi wa salam, mais vous avez abandonné sa Sunna.

- La troisième : Vous lisez le Coran mais vous ne mettez pas en pratique ses enseignements.

- La quatrième : vous jouissez des bienfaits mais vous ne les reconnaissez pas.

- La cinquième : vous dites que satan est pour vous un ennemi mais vous ne vous opposez pas à lui.

- La sixième : vous dites que le Paradis est une certitude mais vous n'avez pas oeuvré en vue d'y entrer.

- La septième : vous dites que l'Enfer est une certitude mais vous ne le fuyez pas.

- La huitième : vous dites que la mort est une certitude mais vous ne vous y préparez pas.

- La neuvième : vous vous occupez matin et soir des défauts des gens et vous oubliez les vôtres.

- La dixième : vous enterrez vos morts mais vous n'en tirez pas les leçons..."

{Histoires merveilleuses et inédites de Shaykh Mahmud Al-Misri}

De même, il y a la nourriture illicite qui empêche l'invocation d'être exaucée.

Le Prophète ﷺ a dit :
« Certes Allah est bon et n'accepte que le bon. Et Allah a ordonné aux croyants ce qu'Il a ordonné aux messagers ensuite il a récité la parole du Très-Haut (traduction rapprochée) : « Ô vous les messagers ! Mangez de ce qui est licite (nourritures) et faites le bien. » »

Et le Très Haut a dit :
" Ô vous qui avez cru, mangez des bonnes choses que Nous vous avons attribuées, et soyez reconnaissants envers Dieu, si c'est Lui seul que vous adorez."
{Sourate 2, verset 172}

Le Prophète ﷺ a aussi mentionné un homme qui voyagea un long moment, les cheveux ébouriffés, couverts de poussière, levant les mains vers le ciel en invoquant Allah :

« Ô Seigneur, Ô Seigneur, alors que ce qu'il consomme est illicite, ce qu'il boit est illicite, ses vêtements sont illicites et qu'il fut nourri par de l'illicite.

Comment serait-il exaucé ! »

En plus de la nourriture illicite, d'autres raisons peuvent expliquer une invocation non exaucée parmi lesquelles le fait que l'invocation contienne une injustice, comme le fait d'invoquer contre une personne qui n'a point commis d'injustice et de tort envers la personne qui invoque.

Quelles sont les conditions pour une invocation exaucée ?

- Invoquer avec la certitude qu'Allah répondra à notre invocation tout en ayant une bonne opinion de Lui

- Louer Allah et L'invoquer par Ses Plus Beaux Noms

- Demander pardon à Allah et délaisser les péchés

- Prier sur notre Prophète

- Reconnaître ses faiblesses, que l'on a besoin d'Allah et faire preuve d'humilité

- Persévérer dans ses invocations et ne pas s'impatienter

- Ne pas demander quelque chose d'illicite

✧ ✧ ✧ ✧

L'exaucement peut revêtir plusieurs formes :

- Allah peut traduire l'exaucement par l'octroi de ce qui est demandé par le fidèle;
- Il peut également lui écarter un mal ;
- Il peut lui faciliter une chose meilleure que ce qui est demandé ;
- Il peut la lui réserver pour la vie future dans laquelle il en éprouvera le plus grand besoin.

Allah Le Très Haut sait mieux que quiconque.

D'après Abou Said Al khoudri (qu'Allah l'agrée), le Prophète ﷺ a dit :
**« Il n'y a aucun musulman qui fait une invocation dans laquelle il n'y a ni péché, ni rupture des liens de parenté, sans qu'Allah ne lui donne une de ces 3 choses: soit il exauce tout de suite son invocation, soit il lui retarde l'exaucement pour l'au-delà, soit il le protège d'un mal qui est équivalent ». Les compagnons ont dit :
"ainsi nous devons en faire beaucoup." Le Prophète ﷺ répliqua : « Allah en fera encore plus ».**
{Rapporté par Ahmed et authentifié par Cheikh Al-Albani dans Sahih Targhib n°1633}

Ma soeur, je te recommande donc d'invoquer Allah quotidiennement et sans relâche. Rapprochons-nous de notre Seigneur. Témoignons-Lui notre amour.
Invoquons-Le avec ardeur et conviction en usant de Ses plus beaux Noms.

Ne doutons jamais du pouvoir des invocations. Elles sont une arme redoutable et infaillible. Choisis de te confier à ton Créateur plutôt qu'aux créatures. Demande-Lui conseil et parle-Lui de ce que tu vis. Il connaît mieux tes besoins que quiconque.

Ouvre-Lui ton coeur et ne perds pas espoir dans tes supplications. Implore-Le et endure avec patience car Ton Seigneur ne manque jamais à Ses promesses. Ce qu'Il te réserve est au-delà de tes espérances. Et ne sois pas préoccupée de l'avenir car
il est entre les Mains d'Allah.

UNE JOURNÉE RÉUSSIE COMMENCE PAR LA PRIÈRE DU FAJR

Tu souhaites être sous la protection d'Allah et avoir des journées bénies ? Alors ne passe pas à côté de cette opportunité qui se présente à toi chaque jour.

Comment espérer passer une bonne journée si l'on a manqué d'effectuer cette prière en son temps ? Recherche ta subsistance en commençant tes journées par la prière du Fajr, elles seront ainsi pleines de bénédictions et tu seras rétribuée pour tes efforts.

Intéressons-nous à la salat Al-Fajr et ses mérites car elle renferme d'incroyables trésors !

Pour te faire une idée de ce que représente cette prière, il te faut connaître ses vertus qui sont d'une valeur inestimable et à l'inverse les risques que l'on encourt quand on ne se lève pas pour la prier en son temps, afin de réaliser combien il est important de ne pas la négliger.

Il est donc nécessaire de connaître les mérites de la prière du Fajr afin de nous motiver à l'accomplir en son temps prescrit.

D'autre part, le fait de prier à l'heure nous permet d'éviter le châtiment et la colère d'Allah car celui qui néglige sa prière s'attire la punition de son Seigneur.

Lorsque l'on sait que les anges de la nuit et les anges du jour se réunissent à l'aube pour assister à la prière du Fajr, nous saisissons l'importance particulière de celle-ci. Et pour cause, puisqu'Allah envoie Ses anges auprès de Ses serviteurs afin qu'ils témoignent de leurs prières. Cela prouve combien elle est précieuse aux yeux de Notre Seigneur.

Le Prophète ﷺ a dit:
« Des anges se relaient auprès de vous la nuit et d'autres le jour. Ils se rassemblent à la prière de l'aurore (fajr) et à celle de l'après-midi ('asr). Puis, ceux qui ont été près de vous la nuit, montent au ciel ; Allah les questionne, et cela bien qu'Il soit mieux informé qu'eux : – Dans quel état étaient mes adorateurs ? Et les anges de répondre : – Nous les avons laissés en prière, et nous les avions trouvés en prière. »
{Sahih Al-Bukhari 555}

En ne manquant pas cette incroyable opportunité qu'est la prière du Fajr, tu es assurée d'être sous la protection d'Allah.

« Quiconque prie al-fajr est sous la protection d'Allah. Ne vous mettez pas dans une situation où vous devrez rendre compte de votre négligence à Allah. »
{Rapporté par al-Tabaraani, 7/267 ; Sahih al-Jaami', n°6344}

Cette prière est aussi une grande cause pour assurer sa place au Paradis.
"Quiconque prie al-Bardayn entrera au Paradis."
{(Rapporté par Al-Bukhari, al-Fath, 2/52). Salat Al-Bardayn (prières de fraicheur) sont Al-Fajr et Al-'Asr}

Dans le cas contraire, ne pas prier Al-Fajr en son temps est d'une gravité certaine :
" Quiconque prie le Fajr est sous la protection d'Allah. Ne vous mettez pas dans une situation où vous devrez rendre compte de votre négligence à Allah, parce que quiconque se trouve dans cette situation sera mis à part et jeté ensuite dans le Feu de l'enfer. " {Rapporté par Muslim, p.454}

Sais-tu ce qu'il se passe lorsque tu ne te lèves pas pour accomplir cette prière ?

Le Prophète ﷺ a dit :
« Shaytan vient à l'un d'entre vous et il lie un nœud à l'arrière de sa tête, en faisant trois nœuds. Et Shaytan dit dans chaque nœud : 'Dors, tu as une longue nuit pour toi.'
Ainsi quand il se lève et se rappelle Allah, un des nœuds est délié et quand il fait ses ablutions un autre nœud est délié et quand il prie les trois nœuds sont déliés.
Ainsi, il se lève vif et avec un bon esprit et s'il se lève et ne se rappelle pas Allah, n'accomplit pas ses ablutions et ne prie pas, alors il se lève avec un mauvais esprit et paresseux (c'est-à-dire lent). »
{Rapporté par Al-Boukhari}

Ceci devrait nous encourager à nous lever à l'aube. Notre humeur, notre motivation, notre subsistance dépendent entre autres de cette prière dont la valeur est bien au-dessus de toutes les jouissances de ce bas monde.

Le Messager d'Allah ﷺ a dit :

"Les prières les plus lourdes pour les hypocrites sont le Fajr et le 'Isha, s'ils savaient ce qu'il y avait dans ces prières (c'est à dire comme faveurs et récompenses) ils se rendraient à la mosquée pour les accomplir, serait-ce en rampant."

Soyons sincère avec Allah et oeuvrons corps et âme pour satisfaire notre Créateur. Comme l'a dit notre Prophète ﷺ, la prière du Fajr et de l''Icha sont les plus difficiles à accomplir pour les hypocrites. Prenons garde à ne pas en faire partie et attachons-nous fermement à obéir à notre Seigneur.

Aussi, il ne faut négliger aucune prière. Mettons l'intention de prier toutes les prières à l'heure et de les préserver.

Nous avons vu les mérites et les graves préjudices de la prière du Fajr. Ces rappels sont là pour nous sensibiliser quant à l'importance non négligeable de cette prière et devraient susciter en nous la détermination de l'accomplir comme il se doit. Alors ma douce, faisons preuve de rigueur et de constance à l'égard de notre Seigneur. Nous devons organiser nos journées en fonction de notre religion et non le contraire.

Vivons au rythme de notre religion et non l'inverse. Notre foi doit occuper une place centrale dans nos vies.

Prier Al-Fajr et rester éveillée après, te permet de profiter de cet instant privilégié pour te rapprocher d'Allah en l'invoquant, en faisant du dhikr, en lisant le Coran. C'est aussi l'occasion de se donner rendez-vous avec soi-même, de méditer, de se remettre en question, de prendre le temps de bien respirer pour détendre le corps et l'âme. Toutes ces bonnes habitudes te permettront d'implanter une bonne routine matinale et de mettre le pied à l'étrier en douceur. Il suffit de s'y tenir pour pouvoir en récolter les fruits.

Conseils du Cheikh Salih Bin Fawzan Bin 'Abdillah Al Fawzan pour se lever pour la prière du Fajr :

"<u>Premièrement :</u>
L'individu doit mettre l'intention dans son coeur de se lever pour la prière du Fajr.

<u>Deuxièmement :</u>
Il lui incombe de dormir tôt pour prendre sa part de sommeil au début de la nuit afin qu'il se lève pour la prière du Fajr, le Prophète -prière et salut d'Allah sur lui- dormait tôt sauf quand survenait ce qu'il l'occupait parmi les affaires des musulmans, au cas contraire il s'efforçait de dormir tôt, il réprouvait de dormir avant la prière de al 'Isha et parler après la prière de al 'Isha* afin de dormir, de se lever et veiller la nuit, et pour la prière du Fajr.

* Hadith rapporté par Al-Boukhari 547 et Mouslim 647

<u>Troisièmement :</u>

Qu'il mette en place un moyen qui le réveille, et aujourd'hui -et louange à Allah- les moyens existent, il met un réveil qui le réveille ou il recommande à une personne de le réveiller ou de le contacter sur le mobile ou par téléphone. Les choses sont aisées car la base est l'intention. Quand il met l'intention de se lever et habitue son âme à se lever, il aura cette habitude."

Rester éveillé après la prière du Fajr c'est également profiter de ce moment privilégié pour faire le point sur ta vie, sur ce que tu dois améliorer ou changer. Ce moment calme est aussi l'occasion de faire ton introspection, de te reconnecter à toi-même. En te levant plus tôt, tu pourras ainsi mieux préparer ta journée en faisant une to-do list des tâches de ce jour tout en priorisant celles qui sont plus importantes et urgentes de manière à te concentrer sur l'essentiel.

Ce moment du Fajr est véritablement un moment crucial, à côté de quoi il est primordial de ne pas passer. Il nous permet de nous recentrer sur nous-même car nous sommes plongés dans un rythme de vie où tout va très vite, à travers notamment nos vies personnelles et professionnelles, les réseaux sociaux où notre cerveau absorbe une quantité d'informations conséquente ...

En nous recentrant sur nous, en plaçant notre religion au coeur de notre vie, en méditant et en faisant régulièrement le point sur notre personne, nous mettons en place une routine qui contribue à notre bien-être et à notre bonheur.

NE GASPILLE PAS TON TEMPS

**SOURATE 103
AL-'ASR (LE TEMPS)**

Au nom d'Allah, le Tout Miséricordieux, le Très Miséricordieux.

1. Par le Temps!

2. L'homme est certes, en perdition,

3. sauf ceux qui croient et accomplissent les bonnes oeuvres, s'enjoignent mutuellement la vérité et s'enjoignent mutuellement l'endurance.

Cette sourate dispose d'un sens immense nonobstant le fait qu'elle soit courte. Cette dernière nous invite à prendre conscience de la vraie valeur du temps qui nous est accordé. Elle nous met en garde contre la perte de temps. L'homme court à sa perte à l'exception de ceux qui luttent et font quatre choses : croire, faire de bonnes oeuvres et se recommander mutuellement la vérité et la patience.

"Ô fils d'Adam ! Tu n'es qu'une somme de jours, et à chaque jour qui passe, c'est une partie de toi qui disparaît."
{Al-Hasan Al-Basri}

Nous nous apercevons souvent trop tard de la valeur du temps. Chaque seconde qui passe ne peut être rattrapée. Il est important de ne pas se perdre dans cette vie dont les jouissances ne sont qu'éphémères et parfois illusoires.

Prends conscience de la valeur du temps et prends soin d'organiser chacune de tes journées et de vivre chaque jour comme s'il pouvait être le dernier.

Ma douce, la bonne santé et le temps libre sont deux faveurs d'Allah que nous devons exploiter en nous soumettant à Ses commandements. Il faut donc tirer profit de ces bénéfices en multipliant les bonnes oeuvres car le temps défile et la santé n'est pas une chose acquise.

Le temps est l'un des plus grands bienfaits que nous négligeons souvent.

Le Prophète ﷺ a évoqué de nombreuses fois le caractère précieux du temps.

D'après Musnad Imam Ahmad, le Prophète ﷺ a dit : **« Profite de cinq choses avant cinq autres: profite de ta vie avant ta mort, de ta bonne santé avant ta maladie, de ta jeunesse avant ta vieillesse, de ta richesse avant ta pauvreté, et de ton temps libre avant d'être occupé ".**
L'ensemble du hadith traite de la nature limitée de notre vie et de la façon dont le temps s'écoule.

Le Messager d'Allah ﷺ appelait les musulmans à prendre l'initiative de faire de bonnes actions avant que les obstacles ne se présentent :
« Ne perdez pas de temps pour faire de bonnes actions avant d'être rattrapé par l'une des sept calamités qui vous attendent : une famine qui peut altérer votre sagesse ; une prospérité qui peut vous induire en erreur ; une maladie qui peut nuire à votre santé ; une vieillesse qui peut nuire à vos sens ; une mort soudaine ; le Dajjal (Antéchrist) ; ou le Jour du Jugement Dernier, qui est en effet le plus dur et le plus amer. »
{At-Tirmidhi}

Nous devons utiliser notre temps à juste titre en oeuvrant dans le bien et ce en cherchant à adopter un bon comportement. De plus, nous devons l'apprécier comme un don d'Allah en l'utilisant à bon escient et cesser de le galvauder.

Nous sommes responsables de nos actes bons ou mauvais dans cette vie et lorsque notre temps dans ce monde sera écoulé, ce temps ne reviendra jamais.

Maintenant que tu as conscience de sa valeur, prends la décision dès à présent de tirer profit de chaque seconde et de ne plus laisser le temps s'échapper en vain.

ADOPTE UNE ROUTINE SAINE

Il te faut organiser tes journées afin de ne pas te disperser. Pour cela tu dois adopter une routine qui te permettra de trouver ta paix intérieure ainsi que ton bien-être tout en te rapprochant de ton Créateur.

Nous avons vu combien une journée réussie doit commencer avec la prière du Fajr et idéalement en priant ne serait-ce que deux unités de prière dans le dernier tiers de la nuit car les mérites sont grandioses et c'est un moment propice pour se faire pardonner ou être exaucé.

Ma douce, voici trois habitudes à adopter :

1.<u>Se lever tôt</u>

Se lever tôt est extrêmement fructueux pour plusieurs raisons. C'est l'occasion de se connecter avec soi et démarrer ainsi la journée sereinement. C'est un parfait anti-stress car nous ne sommes pas dans la précipitation.

De plus, une journée qui commence avec la prière du Fajr est assurément une journée qui commence bien. C'est aussi une occasion inouïe pour rechercher sa subsistance avec la lecture du Coran, le dhikr, les invocations ; mais aussi pour méditer, faire du sport, travailler sur un projet car c'est là que notre cerveau est très réactif.

Le Messager d'Allah ﷺ a dit :
« Celui qui a accompli la prière de l'aube (Fajr) s'est mis sous la protection d'Allah. »

<u>Conseil :</u>
Profite de ce moment calme pour faire des exercices de respiration ainsi que des étirements pendant quelques minutes (en apprenant les bons gestes à réaliser). Cela est extrêmement bénéfique pour chasser les tensions et le stress.

2.Planifier, s'organiser

Que ce soit pour cette vie ici-bas ou pour l'au-delà, il est important d'optimiser son temps et d'acquérir une certaine discipline.

Ne pas procrastiner, s'organiser en faisant par exemple des to-do list et prioriser ses tâches aident à une meilleure gestion du temps.

Nous ne mesurons pas suffisamment le caractère précieux du temps. Il est l'un des plus grands bienfaits qu'Allah nous a offert et pourtant, nous le négligeons souvent.

Hassan El Basri (Qu'Allah lui fasse miséricorde) disait :
"Ô Enfant d'Adam, tu n'es (en réalité) que des jours... Lorsqu'un jour passe c'est en fait une partie de toi qui s'en va."
{Hilayatu al-awiliyya Vol 2 p 148}

3.Prendre du temps pour soi

Prendre du temps pour soi est essentiel. Cela nous permet de nous vider l'esprit, de nous détendre afin de recharger nos batteries.

Nous retrouvons ainsi notre équilibre en nous ménageant des moments de détente.

Ma soeur, tu n'as guère besoin de faire quelque chose d'extraordinaire. Tu peux faire une promenade, lire un livre, regarder un film, cuisiner ton plat préféré, faire du sport... Il y a plusieurs manières de prendre du temps pour soi. Choisis ce qui te permet de te sentir mieux et détendue tant que cela n'incarne pas une chose illicite.

PRENDS SOIN DE TOI

<u>Voici trois conseils précieux pour prendre soin de soi selon l'Islam :</u>

Prendre soin de soi englobe plusieurs aspects. Notre religion nous impose de prendre soin à la fois de notre corps et de notre âme.

Si notre foi est d'une importance particulière, l'Islam nous invite également à prendre soin de notre corps et de notre santé.

Conseil 1 : Se nourrir correctement

Le bon fonctionnement du corps passe entre autres par une bonne alimentation.

Dans le noble Coran Allah nous dit :
« Ô vous les Croyants ! Mangez de ces bonnes choses que Nous vous avons accordées ; remerciez Allah... »
{Sourate al-Baqarah, verset 172}

De surcroît, il est judicieux de s'intéresser aux nombreux aliments mis en avant dans la médecine prophétique et dans le Coran. Ces aliments aux vertus curatives constituent un bien pour l'organisme.
Conseil :
Si tu veux en apprendre plus sur la médecine prophétique, je te recommande le livre d'Ibn Al-Qayyim intitulé " L'authentique de la médecine prophétique."

Nous pouvons citer quelques exemples : la nigelle, le miel, les figues, les dattes, l'huile d'olives.

Toute chose a son équilibre c'est pourquoi nous devons également prendre soin de ne pas commettre d'excès :
« Et mangez et buvez; et ne commettez pas d'excès, car Il [Allah] n'aime pas ceux qui commettent des excès. »
{ Sourate Al Araf – Les murailles, verset 31 }

Conseil 2 : pratiquer une activité physique

Il n'est plus à démontrer que le sport est excellent pour la santé. La pratique d'une activité physique permet notamment de prévenir le risque de développer certaines maladies et de réduire le stress.

Le sport doit avoir une place importante dans notre vie (même s'il est vrai que cela demande parfois une certaine dose de motivation). Nous devons nous efforcer de pratiquer une activité physique ne serait-ce que 30 minutes de marche par jour.

Notre religion nous encourage à pratiquer le sport :
Le Prophète (ﷺ) a dit :
« Toute chose dans laquelle il n'y a pas de rappel d'Allah est futilité ou inattention sauf quatre choses : la marche d'un homme entre deux cibles (l'entraînement au tir à l'arc), qu'il éduque son cheval, qu'il s'amuse avec son épouse ou l'apprentissage de la natation. »
{Authentifié par Al-Albani}

N.b. : La reprise du sport doit se faire progressivement. Il est conseillé de demander l'avis du médecin.

<u>Conseil 3 : prendre soin de son apparence</u>

Notre corps est une Amana c'est-à-dire un dépôt confié par Allah. Nous devons donc tâcher d'en prendre soin sous tous les aspects (hygiène, santé, apparence). Il est donc nécessaire de nous entretenir pour rendre notre corps plus fort et plus sain.

Prendre soin de soi c'est donc s'entretenir (peau, cheveux, corps).
Concernant les cheveux, le Prophète ﷺ a dit, dans un hadith rapporté par Abou Hourayra – qu'Allah l'agrée:
« Celui qui a des cheveux qu'il s'en occupe. »
{Rapporté par Abou Daoud}

Prendre soin de son apparence c'est aussi se vêtir de ses plus beaux habits dans la limite de ce qui est permis, sans mauvaise intention (orgueil).

« Celui qui délaisse les beaux vêtements par avarice n'aura pas de récompense. Celui qui les délaisse, par adoration, en jugeant illicite les choses permises est pécheur. Celui qui porte les beaux vêtements dans le but d'exposer le bienfait d'Allâh, et pour que cela lui soit une aide dans l'obéissance à Allâh, est récompensé. Et celui qui les porte par fierté et vantardise est pécheur. »
{Cheikh Ul-Islam Taqiyud-din Ibn Taymiyyah}

SORS DE TA ZONE DE CONFORT

Sortir de sa zone de confort c'est :

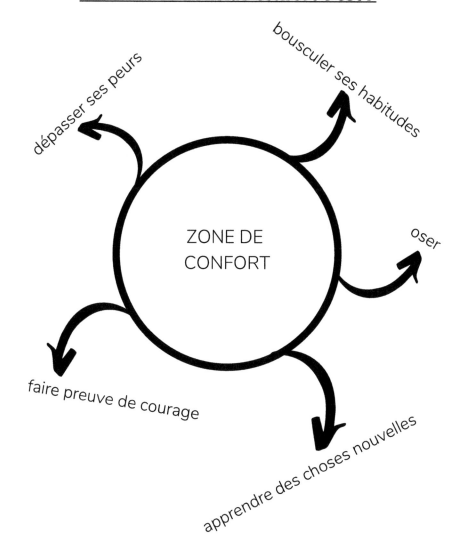

Dans la vie, il est important de chercher à sortir de sa zone de confort en mettant en place de meilleures habitudes, en osant affronter ses peurs et ses pensées limitantes.

Cela permet de retrouver le goût d'explorer, de développer sa créativité et ses compétences, de vivre de nouvelles expériences.

Ma soeur, il est vrai que sortir de sa zone de confort n'est pas toujours une chose aisée mais une fois que le premier pas est franchi, cela devient plus facile et la joie et la fierté que l'on peut ressentir après avoir parcouru ce cheminement nous donne la force de continuer.

Notre religion nous dicte un mode de vie à suivre et nous pousse justement à sortir de notre zone de confort en développant l'autodiscipline. Elle nous pousse à devenir meilleur chaque jour et à adopter un comportement exemplaire.

Prier à l'heure, apprendre l'arabe et notre belle religion, jeûner etc... Tout cela demande une certaine discipline et par conséquent de sortir de sa zone de confort afin d'atteindre le bien-être et la satisfaction d'Allah.

Alors ma soeur, même si cela est difficile, cherche à sortir de ta zone de confort. Ne doute pas de tes capacités et de ton potentiel. Affronte tes peurs, bats-toi, ose !

LA GRATITUDE

Penses-tu remercier suffisamment Allah ? Ne mérite-t-Il pas qu'on lui exprime avec ferveur notre gratitude ?

«Si vous êtes reconnaissants, très certainement J'augmenterai [Mes bienfaits] pour vous. Mais si vous êtes ingrats, Mon châtiment sera terrible.» {Sourate Ibrahîm, verset 7}

C'est une promesse de notre Seigneur. En nous montrant reconnaissants, Allah augmente nos bienfaits.

Comment exprimer sa gratitude ?
Pour commencer, prends le temps d'analyser la création d'Allah et tu t'apercevras de Ses nombreux bienfaits et des multiples dons qu'Il nous a attribués.

Notre Créateur nous a octroyé notre vie, notre corps, nos capacités, notre subsistance.

Il nous a pourvu de :
- ces membres qui nous permettent de développer nos sens,
- ces yeux avec lesquelles tu vois,
- ces oreilles avec lesquelles tu entends,
- cette langue avec laquelle tu parles,
- ce nez avec lequel tu sens,
- ces mains avec lesquelles tu peux toucher.

Remercie Allah de pouvoir jouir de tes membres et développer tes sens car d'autres personnes en sont dépourvues.

Les bienfaits de notre Créateur sont innombrables ; des bienfaits tels que la santé, le bien-être, avoir un toit sur la tête, pouvoir manger à sa faim, sans compter toutes ces choses licites que nous possédons. N'oublions pas que c'est Allah qui pourvoit aux besoins de l'être humain et accorde la subsistance.

Faire preuve de gratitude c'est aussi relativiser sur nos épreuves quand on réalise toutes les faveurs qu'Allah nous a accordées.

Ma soeur, il est possible que tu t'interroges sur le fait d'exprimer sa gratitude alors que peut-être tu traverses en ce moment des épreuves. Tu t'interroges sans doute sur la compatibilité qu'il y a entre le fait de subir une épreuve et remercier Ton Seigneur. Sache qu'Allah éprouve ceux qu'Il aime, ceux qui sont patients et endurants.

Remercie Ton Seigneur dans les bons comme dans les mauvais moments, Il t'en récompensera là où tu ne t'y attends pas. Exprimer ta gratitude revient à adopter un état d'esprit positif en changeant ton regard sur la vie. Cela te permet d'être reconnaissante à l'égard d'Allah et à ne pas minimiser chacun de Ses bienfaits.

Lorsque tu te compares avec ceux qui sont moins pourvus que toi, tu apprends à apprécier chaque faveur aussi minime soit-elle. Chaque chose de la vie prend soudainement de la valeur à tes yeux de sorte que cela contribue à te rendre plus heureuse.

D'après Abou Houreira (qu'Allah l'agrée), le Prophète ﷺ a dit :
« Regardez ceux qui sont au dessous de vous et ne regardez pas ceux qui sont au dessus de vous ceci afin que vous ne minimisiez pas les bienfaits d'Allah sur vous ».
{Rapporté par Mouslim}

C'est en adoptant cet état d'esprit que tu apprends à revenir à l'essentiel en étant satisfaite de chaque don qu'Allah t'a attribué.

La reconnaissance ne fait qu'accroître ton amour pour ton Seigneur. Et Allah promet d'augmenter Ses faveurs pour ceux qui éprouvent de la reconnaissance.

« Si vous êtes reconnaissants, je multiplierai pour vous Mes bienfaits »
{Sourate 14, verset 7}

En exprimant ta gratitude, ta vision de la vie change positivement. En te contentant de ce que tu as, tu te débarrasses ainsi de toute frustration.

La frustration est ce sentiment qui nous fait poser un regard maussade sur le présent et nous retire la joie d'apprécier chaque chose à sa juste valeur.

La gratitude quant à elle nous enseigne la patience en sortant de ce tourbillon dans lequel nous ne cessons de désirer de nouvelles choses qui nous font trépigner d'impatience. Vouloir toujours plus sans prendre le temps d'apprécier ce que l'on possède déjà, nous gâche en quelque sorte la vie. Cela nous conduit à perdre rapidement de l'intérêt pour les choses que l'on possède déjà.

Malheureusement, la société dans laquelle nous vivons pousse l'être humain à la surconsommation ce qui au final contribue à une lassitude succinte de toute chose possédée.

Mais, nous pouvons choisir de changer notre regard sur la vie et apprendre la patience et l'appréciation de chaque chose en pratiquant la gratitude.

Comment exprimer sa gratitude ?

Il y a plusieurs manières d'exprimer sa gratitude à l'égard du Très Haut. Tout d'abord, tu peux l'exprimer oralement par la langue en louant Ton Seigneur (Al hamdoulillah par exemple) et en évoquant Ses faveurs dont Il nous a fait don.

« Ô vous qui avez cru ! Mangez des (nourritures) licites que Nous vous avons attribuées. Et remerciez Allah, si c'est vraiment Lui que vous adorez ». Sourate 2, verset 172. Il dit aussi : « Et quant au bienfait de ton Seigneur, proclame-le.» {Sourate 93, verset 11}

Conseil :
Je te suggère également de tenir un journal dans lequel tu énumères par écrit toutes les choses pour lesquelles tu remercies Allah. En relisant tes notes, tu prendras véritablement conscience de Sa bonté infinie et ta vie prendra un nouveau tournant. Cela pourra également te procurer beaucoup de bien de t'exprimer par écrit avec pour dessein de reconnaître Ses faveurs. Tu peux même y noter des invocations légiférées pour mieux les apprendre et des versets du Coran sur lesquels tu aimerais méditer plus en profondeur afin d'apaiser ton coeur.

En outre, il y a par ailleurs la gratitude par la pratique.

La gratitude s'exprime également à travers les actes d'adoration. Notre Prophète ﷺ, en dépit du fait qu'Allah ait pardonné tous ses péchés, faisait preuve d'une reconnaissance indéfectible envers Allah Le Très Haut.

'Aïsha, que Dieu l'agrée dit :
« La Prophète ﷺ veillait tellement longtemps en priant dans la nuit au point que la peau de ses pieds se fendillait. Je lui dis alors : « Pourquoi fais-tu cela, ô Messager de Dieu, alors que Dieu t'a absous de tous tes péchés passés et à venir ? » Il dit : « Ne m'appartient-il pas alors de me comporter en homme reconnaissant ?! »
{Rapporté par Al-Boukhari et Mouslim}

Qu'en est-il de nous quand on s'aperçoit de l'amour et de la reconnaissance exemplaire que notre Messager ﷺ témoignait envers Allah ?

Pour finir, la gratitude s'exprime aussi en ton fort intérieur c'est-à-dire par le cœur. Cela consiste à ressentir en nous les bienfaits qu'Allah nous a généreusement attribués et d'en être profondément reconnaissant.

Cessons de penser que tous les biens dont nous jouissons sont acquis d'avance.
Pensons à remercier plus fréquemment Allah sans qui toutes ces faveurs n'auraient pas pu être accordées.

Remercions par dessus tout Allah de nous avoir guidés vers Sa religion, la vraie voie, celle qui, s'il l'on se soumet à Ses commandements nous permet d'atteindre le bonheur et Son Paradis comme dernière demeure. Qu'Allah nous compte parmi les reconnaissants et parmi les habitants du Paradis.

PRENDS GARDE À TES FRÉQUENTATIONS

« Chaque homme suit la religion de son meilleur ami. Que chacun de vous choisisse donc ses amis avec soin. »
{Rapporté par Abu Daoud et At-Tirmidhi}

Cette vie requiert de savoir s'entourer de personnes positives et bienveillantes craignant Allah et qui nous encouragent à agir en empruntant la bonne voie.

Prends donc soin de bien choisir qui tu fréquentes tout en prenant conscience du danger des mauvaises fréquentations.

Les meilleures personnes à fréquenter sont ces personnes pieuses que l'on aime en Allah et avec lesquelles on s'enjoigne mutuellement dans la piété et l'accomplissement des bonnes oeuvres.

« Le jour où l'injuste se mordra les deux mains et dira: "(Hélas pour moi !) Si seulement j'avais suivi chemin avec le Messager !... Malheur à moi ! Hélas ! Si seulement je n'avais pas pris "un tel" pour ami !... Il m'a, en effet, égaré loin du rappel (le Coran), après qu'il me soit parvenu". Et le Diable déserte l'homme (après l'avoir
tenté). »
{Sourate 25, Versets 27 à 29}

La mauvaise fréquentation est une voie qui mène à la perdition et qui laissera place aux regrets ! Ne te mets point dans des situations que tu regretteras plus tard.

Le Messager d'Allah ﷺ a dit :

« L'exemple du bon compagnon et du mauvais compagnon est celui de celui qui porte du musc et du forgeron. Quant à celui qui porte du musc : ou bien il te fait un cadeau de son parfum, ou bien tu lui en achètes, ou bien tu profites de sa bonne odeur. Quant au forgeron : ou bien il brûle tes vêtements, ou bien tu sens de sa part une vilaine odeur. »
{Al-Boukhari et Mouslim}

Les gens que l'on fréquente ont un impact sur nos vies bon ou mauvais. Au fil du temps, nous finissons par être influencés par les habitudes, le comportement et le langage de nos ami(e)s.

Ma douce, une bonne amie à fréquenter est celle qui te rappelle ton Seigneur, celle qui souhaite te voir au Paradis, celle qui t'aime en Allah. Elle est celle qui veut le meilleur pour toi ici-bas et dans l'au-delà. Elle est celle qui te soutient dans les bons comme dans les mauvais moments et celle qui te conseille dans le bien.

Et quelle belle amitié, que cette amitié sincère pleine de bienveillance où l'on s'encourage mutuellement dans l'accomplissement du bien.

Quant à la mauvaise fréquentation, fuis-la avant qu'elle ne te consume. Éloigne-toi des personnes qui te poussent à commettre des péchés. Les mauvaises fréquentations figurent parmi les plus grands éléments déclencheurs qui font tomber le croyant dans le précipice.

Il est nécéssaire de faire le tri dans nos fréquentations car les ami(e)s d'aujourd'hui peuvent devenir nos ennemis le jour de la résurrection. Une amitié qui n'est pas bâtie sur l'amour du Très Haut peut se transformer le jour de la résurrection en animosité. Allah, exalté soit-Il, dit :

« Les amis, ce jour-là, seront ennemis les uns des autres ; excepté les pieux.»
{Sourate 43, verset 67}

Un hadith remontant au Prophète ﷺ mentionne :

« Multipliez les liens fraternels avec vos coreligionnaires, car chaque croyant aura droit à une intercession le jour de la Résurrection. » {al-Albânî} .Al-Munâwî, qu'Allah lui fasse miséricorde, a dit : « "Multipliez les liens fraternels", c'est-à-dire ayez de nombreuses relations fraternelles avec les meilleurs musulmans, car chaque croyant aura l'honneur d'avoir le droit à l'intercession d'un autre croyant le Jour de la Résurrection. Plus vous avez de liens fraternels, plus vous aurez d'intercessions et cela est plus à même de vous accorder la réussite, le salut et le succès. »

Ce hadith nous montre combien il est important d'avoir des amies pieuses car elles pourront intercéder en notre faveur au jour de la résurrection.

Qu'Allah l'Unique nous rassemble sur le droit chemin et affermisse nos coeurs sur Sa religion.

Rare sont les personnes qui souhaitent à autrui ce qu'elles souhaitent pour elles-mêmes.
Je te conseille donc de faire preuve de méfiance et de rester discrète plus particulièrement quand il s'agit de tes projets.

Prends garde à ne pas les dévoiler !
Si tu veux voir tes projets aboutir et réussir, prends soin de ne pas en parler avant. C'est un conseil précieux de notre Prophète ﷺ.

Le Prophète ﷺ a dit :
"Favorisez la réussite de vos projets en ne les dévoilant à personne. Car chaque personne qui a un bienfait aura un envieux (jaloux)."
{Rapporté par Al Khala'i et authentifié par Cheikh al Albani}

Il est préférable que tu gardes tes projets pour toi afin que tu puisses les concrétiser avec l'aide de ton Seigneur. Reste discrète et travaille dans le silence afin de récolter le fruit de tes efforts.

<u>Citation :</u>
"Conduis tes projets en silence, ta réussite se chargera du bruit."
{Proverbe grec ; Les maximes de la Grèce antique (1855)}

Si tu confies ton projet et tes espoirs à une personne, il se peut que cette dernière ressente de l'envie. L'envie peut être décrite par le souhait de voir le bienfait disparaître chez la personne que l'on envie. C'est une émotion ravageuse, qui selon le degré ressenti, peut s'avérer destructrice.

Il y a autour de nous des personnes susceptibles de ressentir de la jalousie et qui ne supportent guère de voir des bienfaits chez les autres.

C'est une réalité. Tu en a peut-être déjà fait l'expérience, c'est pourquoi il faut être vigilant en dissimulant nos bienfaits.

La jalousie et l'envie peuvent conduire les êtres humains à commettre des actes répréhensibles voire même les pousser à l'incrédulité. Ces personnes en arrivent parfois à s'infliger de vivre au-dessus de leurs moyens ou même à espérer que le malheur s'abattent sur les autres.

Abou Houreïra (radhia Allahou 'anhou) a rapporté que le Prophète ﷺ a dit :
« Méfiez-vous de la jalousie car elle consume les bonnes œuvres comme le feu consume le bois. »
{Hadith recueilli par Abu Daoud}

Il est important de considérer que la jalousie est une maladie de l'âme. Cette maladie est très répandue et touche la plupart des gens. Seulement, les personnes dotées de caractères nobles auront tendance à dissimuler leur ressenti et à chercher à s'en débarrasser.

Shaykh Al-Islâm Ibn Taymiyyah a dit :

"Celui qui ressent en lui de la jalousie pour quelqu'un, qu'il craignent Allah, patiente et déteste cela."

Dès lors, il est important de fréquenter des personnes positives dans la mesure où elles craignent Allah tout en vivant dans Son obéissance. Lorsque nous Le craignons, nous cherchons à agir en nous soumettant à Ses ordres et nous apprenons à éduquer notre âme.

Nous demandons à Allah de réformer notre âme et de nous mettre à l'abri des personnes envieuses, jalouses, hypocrites ou malveillantes et qu'Il nous protège du mauvais oeil et de tout ce qui pourrait nous nuire. De plus, nous demandons à Allah de placer sur notre chemin des personnes pieuses qui nous incitent au bon comportement et aux bonnes oeuvres.

DES CITATIONS POUR BOOSTER LE MORAL

Bien entendu, notre religion reste incontestablement notre meilleure force et notre meilleure source d'inspiration. Je ne cesse de le répéter, quoi qu'il arrive dans notre vie c'est vers Allah l'Unique qu'il faut se tourner et c'est en Lui que nous devons placer tous nos espoirs.

Par ailleurs, il y a parfois de jolies phrases qui mettent du baume au coeur et de belles citations qui peuvent nous stimuler et nous redonner confiance en nous.

En voici quelques-unes de divers auteurs ou d'auteurs inconnus :

« Quand tu as envie d'abandonner, pense à la raison qui t'a fait commencer. »

« Ceux qui évitent les échecs évitent aussi les réussites. »

« Si ce que tu traverses te semble difficile, pense à ce que tu as déjà traversé. »

« La détermination d'aujourd'hui
mène au succès de demain. »

« Je ne perds jamais.
Soit je gagne, soit j'apprends. »

Nelson Mandela

« Ne crains pas les erreurs. Tu vas connaître
l'échec, mais continue d'avancer. »

Benjamin Franklin

« L'échec n'existe pas. Seuls les résultats existent. »

Anthony Robbins

« Il ne peut y avoir d'échec pour celui qui continue la lutte. »

Napoleon Hill

« La chute n'est pas un échec. L'échec, c'est de rester là où on est tombé. »

Socrate

« Si vous voulez doubler votre taux de succès,
vous devez doubler votre taux d'échec. »

Thomas John Watson

« Le succès est fait de 99% d'échec. »

Soichiro Honda

« L'échec est le fondement de la réussite. »

Lao Tseu

« Un pessimiste voit la difficulté dans chaque opportunité, un optimiste voit l'opportunité dans chaque difficulté. »

Winston Churchill

« Ce n'est pas parce que les choses sont difficiles que nous n'osons pas, c'est parce que nous n'osons pas qu'elles sont difficiles. »

Sénèque

« Dans le brouillard de la difficulté
se trouve l'opportunité. »

Oprah Winfrey

« La vie, c'est comme une bicyclette,
il faut avancer pour ne pas
perdre l'équilibre. »

Albert Einstein

« J'ai décidé d'être heureux parce que
c'est bon pour la santé. »

Voltaire

« Si vous n'essayez jamais, vous ne réussirez jamais, mais si vous essayez, vous risquez de vous étonner vous-même. »

Charles-Augustin Ste-Beuve

« S'il y a un problème, il y a une solution.
S'il n'y a pas de solution,
alors ce n'est pas un problème. »

« Les gens les plus heureux n'ont
pas tout ce qu'il y a de mieux. Ils font juste
de leur mieux avec tout ce qu'ils ont. »

« N'attendez pas d'être heureux
pour sourire. Souriez plutôt afin
d'être heureux. »

Edward L. Kramer

Ma soeur, laisse ton coeur s'imprégner de ces belles paroles :

Ibn al-Qayyim (رحمه الله) a dit :

"Le coeur contient un désordre auquel on ne peut remédier qu'en se tournant vers Allah ;
il contient une solitude que seule peut dissiper la compagnie d'Allah ;
il contient une tristesse que seuls peuvent apaiser le plaisir de Sa connaissance et la sincerité de la relation avec Lui ;
il contient une anxiété qu'on ne peut calmer qu'en étant en accord avec Lui et ne se réfugiant vers Lui ; il contient des feux de regrets que seule peut éteindre l'acceptation de Ses ordres , de Ses interdictions et du destin qu'Il a fixé dans l'attente patiente du moment de Le rencontrer ;
il contient un manque qui ne peut etre comblé qu'en aimant Allah, en se tournant vers Lui dans le repentir, en L'invoquant sans cesse, en Lui vouant un culte exclusif : la possession de ce bas monde et de tout ce qu'il contient ne suffirait jamais à combler ce manque."

{Madarij as-salikin}

MÉDITE SUR LES NOMS D'ALLAH

"C'est à Allah qu'appartiennent les noms les plus beaux. Invoquez-Le par ces noms et laissez ceux qui profanent Ses noms: ils seront rétribués pour ce qu'ils ont fait."
{Sourate Al-Araf, verset 180}

Notre Seigneur nous invite à l'invoquer par Ses plus beaux Noms car oui ma douce, comme nous le dit si bien ce verset, c'est à Allah qu'appartiennent les plus beaux Noms.

Il nous incombe également de les apprendre. Sais-tu qu'il y a en cela une récompense ?

D'après Abou Houreira (qu'Allah l'agrée), le Prophète ﷺ a dit :
« Certes Allah a 99 noms, cent moins un, celui qui les dénombre entre dans le paradis ».
{Rapporté par Al-Boukhari dans son Sahih n°2736 et Mouslim dans son Sahih n°2677}

Cheikh Al Outhaymin dans son livre (Al Qawwaa'idoul Mouthlaaa Fi sifaatillahi wa assmaa-ihil Houssna) cite 99 noms :

- 81 noms tirés du coran,
- 18 tirés de la sounna authentique du Prophète

Voici la liste qu'il a établi :

Les 81 Noms tirés du Coran

1. الله Allâh => Allah

2. الأَحَد al-Ahad => l'Unique

3. الأَعْلَى al-A'lâ => le plus Haut

4. الأَكْرَم al-Akram => le plus Généreux

5. الإله al-Ilâh => le Dieu

6. الأَوَّل al-Awwal => le Premier

7. الآخِر al-Aakhir => le Dernier

8. الظاهِر az-Zâhir => l'Apparent

9. الباطِن al-Bâtin => le Caché

10. البارِئ al-Bâri =>le Créateur (celui qui donne forme à ce qu'il a conçu et déterminé)

11. البَرّ al-Barr => le Bienfaisant

12. البَصِير al-Basîr => le très Voyant

13. التَّوَّاب at-Tawwaab => le Pardonnant (Celui qui accepte sans cesse le repentir)

14. الجَبَّار al-Jabbaar => le très Imposant

15. الحافِظ al-Hâfidh=> le Bienveillant

16. الحَسِيب al-Hasîb => le Comptable

17. الحَفِيظ al-Hafîz => le très Bienveillant

18. الحَفِيٌّ al-Hafiyy => le très Bien Renseigné

19. الحقّ al-Haqq => le Vrai

20. المُبِين al-Mubîn => l'Évident

21. الحَكِيم al-Hakîm => le très Sage

22. الحَلِيم al-Halîm => le très Doux

23. الحَمِيد al-Hamîd => le très Loué

24. الحَيّ al-Hayy => le Vivant

25. القَيُّوم al-Qayyûm => le Subsistant (Celui qui subsiste Lui-même et par qui tout subsiste)

26. الخَبِير al-Khabîr => le Très bien Informé

27. الخَالِق al-Khâliq => le créateur (Celui qui conçoit et détermine)

28. الخَلَّق al-Khallâq => l'Infini Créateur

29. الرَّؤُوف ar-Ra'oûf => le très Clément

30. الرَّحْمَان ar-Rahmân => l'Infini Miséricordieux

31. الرَّحِيم ar-Rahîm => le très Misericodieux

32. الرَّزَّاق ar-Razzâq => l' Infini Pourvoyeur

33. الرَّقِيب ar-Raqîb => le très Observateur

34. السّلام as-Salâm => le Pacifique

35. السَّمِيع as-Samî' => le très Entendant

36. الشَاكِر ash-Shâkir => le Reconnaissant

37. الشَّكُور ash-Shakoûr => le très Reconnaissant

38. الشَّهِيد ash-Shahîd => le Grand Témoin

39. الصَّمَد as-Samad => le Nécessité

40. القَالِم al-'Aalim => le Savant

41. العزيز al-'Azîz => le très Puissant

42. العَظِيم al-'Azîm => l'Immense

43. العَفُوّ al-'Afuww => le très Indulgent

44. العَلِيم al-'Alîm => le très Savant

45. العَلِيّ al-'Aliyy => le très Haut

46. الغَفَّار al-Ghaffâr => l'Infini Pardonnant

47. الغَفُور al-Ghafoûr => le très Pardonnant

48. الغَنِيّ al-Ghaniyy => le très Riche (celui qui ne manque de rien)

49. الفَتَّاح al-Fattâh => l'Illustre Juge

50. القَادِر al-Qâdir => le Puissant

51. القَاهِر al-Qâhir => le Dominateur

52. القُدُّوس al-Quddoûs => le très Sanctifié

53. القَدِير al-Qadîr => le très Puissant

54. القَرِيب al-Qarîb => le très Proche

55. القَوِيّ al-Qawiyy => le très Fort

56. القَهَّار al-Qahhâr => le Dominateur Absolu

57. الكَبِير al-Kabîr => le très Grand

58. الكَرِيم al-Karîm => le très Généreux

59. اللَّطِيف al-Latîf => le Subtil

60. المُؤمِن al-Mu'min => l'Apaisant (ou le confiant)

61. المُتَعَالِي al-Muta'âlî => le Sublime

62. المُتَكَبِّر al-Mutakabbir => le Magnifié

63. المَتِين al-Matîn => le très Ferme

64. المُجِيب al-Mujîb => l'Exauceur

65. المَجِيد al-Majîd => le très Glorieux

66. المُحِيط al-Muhît => Celui dont la science et le pouvoir embrassent toute chose

67. المُصَوِّر al-Musawwir => le Façonneur

68. المُقْتَدِر al-Muqtadir => le tout Puissant

69. المُقِيت al-Muqît => le Vigilant

70. المَلِك al-Malik => le Possesseur

71. المَلِيك al-Malîk => le Possesseur Absolu

72. المَولَى al-Mawlâ => Le Protecteur

73. المُهَيْمِن al-Muhaymin => le Dominateur Suprême

74. النَّصِير an-Nasîr => le Grand Défenseur

75. الوَاحِد al-Wâhid => l'Unique

76. الوَارِث al-Wârith => l'Héritier

77. الوَاسِع al-Wâsi' => l'Ample

78. الوَدُود al-Wadoûd => l'Affectueux

79. الوَكِيل al-Wakîl=> le très Confiant

80. الوَلِيّ al-Waliyy => le Maître (l'Ami,l'Allié)

81. الوَهَّاب al-Wahhâb => le Donateur gracieux

Les Noms extraits de la Sounna authentique du Prophète ﷺ

82. الجَميل al-Jamîl => le très Beau

83. الجَوَاد al-Jawâd => le Donateur très Généreux

84. الحَكَم al-Hakam => le Juge Équitable

85. الحَيِّي al-Hayyiyy => Le Pudique

86. الرَّبّ ar-Rabb => le Seigneur

87. الرَّفِيق ar-Rafîq => l'Accompagnant

88. السُّبُّوح as-Subboûh => le Sanctifié

89. السَّيِّد as-Sayyid => le Maître

90. الشَّافِي ash-Shâfî => le Guérisseur

91. الطَّيِّب at-Tayyib => l' Infiniment Bon

92. القابِض al-Qâbid => Celui qui Empoigne

93. البَاسِط al-Bâsit

94. المُقَدِّم al-Muqaddim => Celui qui se place au Début

95. المُؤَخِّر al-Mu'akhkhir => Celui qui se place à la Fin

96. المُحْسِن al-Muhsin => le Bienfaiteur

97. المُعْطِي al-Mu'tî => le Donateur

98. المَنَّان al-Mannân => l'Excellent Donateur

99. الوِتر al-Witr => l' Impair

Quelle beauté ! Efforçons-nous d'apprendre les Noms d'Allah ! Usons de Ses plus beaux Noms pour parfaire nos invocations.

La connaissance des Noms et Attributs d'Allah revêt une grande importance dans notre vie.
Ainsi nous réalisons les différents aspects de la foi en l'unicité absolue d'Allah (At-Tawhid).

Alors ma soeur, faisons cet effort car il y a en cela énormement de bénéfices et c'est encore un moyen de nous rapprocher de notre Créateur.

PATIENTE D'UNE
BELLE PATIENCE

Le Prophète ﷺ a dit :
«Celui qui persévère Allah lui donne la patience. Et aucun homme n'a reçu de meilleur et de plus large don que la patience.»
{Rapporté par Al-Boukhari}

Ce hadith nous montre à quel point la patience est la meilleure vertu dont l'être humain puisse être doté.

Cependant, rappelons que l'homme a été créé faible et qu'il est de par sa nature impatient.

Prenons l'exemple du nouveau né : l'attente provoque chez lui un sentiment de frustration liée aux besoins qu'il exprime et auxquels seule l'immédiateté d'y répondre compte, ce qui est tout à fait naturel car l'homme a ce besoin d'être rassuré.
La patience n'est donc pas une qualité innée chez l'homme. Elle s'acquiert et s'exerce et va de pair avec la persévérance ainsi que l'endurance.

Les prophètes et les pieux prédécesseurs étaient dotés d'une persévérance et d'une patience hors du commun. Même dans des situations extrêmes et face à l'adversité, ils plaçaient avec vigueur leur confiance en Allah.

Intéressons-nous aux histoires des Prophètes (que la paix soit sur eux). Inspirons-nous de leurs histoires et de leur patience exemplaire.

Prenons l'exemple de l'histoire du Prophète Yunûs (عَلَيْهِ ٱلسَّلَامُ) qui se trouva dans une situation extrêmement angoissante. Il fut plongé dans les ténèbres et le désespoir, piégé et enraciné dans le ventre d'une baleine. C'est alors qu'il prononça la supplication suivante :

« ... Pas de Divinité à part Toi ! Pureté à Toi ! J'ai été vraiment du nombre des injustes » et reçut tout de suite la réponse divine « Nous l'exauçâmes et le sauvâmes de son angoisse. Et c'est ainsi que Nous sauvons les croyants ».
{Sourate Al-'Anbiyâ - Les Prophètes, versets 87 et 88}

Cet exemple nous enseigne que peu importe la situation dans laquelle nous nous trouvons, même si elle semble être inextricable, nous ne devons jamais désespérer et placer notre confiance en Allah en demandant Son secours et Son aide.

<u>Conseil :</u>

Ma douce, je te recommande vivement d'apprendre l'invocation de Yunûs (عَلَيْهِ ٱلسَّلَامُ).

Il est rapporté dans un hadith transmis dans le Mousnad de l'Imam Ahmad et le Sounan At-Tirmidhi d'après Sa'd Ibn Abi Waqas رضي الله عنه que le Prophète ﷺ a dit :

«L'invocation de Dhun-Nun (Yunûs) quand il invoqua son seigneur depuis le ventre de la baleine: « Nul n'est digne d'être adoré en dehors d'Allâh ! Pureté à Toi ! J'ai été vraiment du nombre des injustes », Il n'est pas de serviteur invoquant par cette invocation sans qu'il ne soit exaucé..»
{Hadith authentifié par Al-Albani}

<u>Invocation :</u>

En arabe :

$$لَّا إِلَٰهَ إِلَّا أَنتَ سُبْحَٰنَكَ إِنِّى كُنتُ مِنَ ٱلظَّٰلِمِينَ$$

En français :

«Nul n'est digne d'être adoré en dehors d'Allâh ! Pureté à Toi ! J'ai été vraiment du nombre des injustes.»

L'exemple de l'histoire du Prophète Ibrahim (عَلَيْهِ ٱلسَّلَامُ) est tout aussi pharamineuse : lorsqu'on voulut le jeter dans le feu, il implora Son Seigneur par cette invocation :

« hasbunallahu wa ni'mal wakîl » (Allah me suffit, Il est Le Meilleur Garant) et Allah le sauva « Nous dîmes : Ô feu, sois pour Abraham une fraîcheur salutaire »
{Sourate Anbiyâ, verset 69}

<u>Conseil :</u>
Je te conseille d'apprendre également cette invocation. Cette parole bénie se dit pour demander un bienfait et repousser une nuisance.

<u>L'invocation :</u>

En arabe :

حَسْبِيَ اللّٰهُ وَنِعْمَ الْوَكِيل

En français :
"Allah me suffit, Il est le Meilleur Garant"

Il y a plusieurs récits de nos Prophètes (que la paix soit sur eux) où des miracles se sont produits et qui témoignent de la confiance absolue et de l'attachement sans faille qu'ils avaient à l'égard de notre Créateur. Nous devons tirer un enseignement de leur vécu. Ils sont pour nous des modèles à suivre et une source d'inspiration.

S'impatienter est le signe d'une faiblesse dans sa foi. Il est vrai que les épreuves peuvent être sans aucun doute douloureuses et nous plonger dans une profonde tristesse, néanmoins gardons à l'esprit qu'Allah sait ce que nous ne savons pas et qu'Il a une vision et un recul sur nos vies qui dépassent notre entendement. C'est pourquoi nous devons nous en remettre à Lui et appliquer le tawakkul (confiance en Allah) dans nos vies quotidiennes.

Prenons exemple sur notre Prophète ﷺ ainsi que les prophètes et les pieux prédécesseurs (qu'Allah leur fasse miséricorde).

Prenons également exemple sur ces femmes incroyables telles que Meriem, Assia, Khadija, Fatima et 'Aicha qu'Allah leur fasse miséricorde.
D'après Ibn Abbas (qu'Allah l'agrée), le Prophète ﷺ a tracé quatre traits sur le sol puis il a dit :
« Savez-vous ce que c'est ? » Ils ont dit: Allah et son Messager ﷺ sont plus savants. Alors le Prophète ﷺ a dit: « Les meilleures femmes du Paradis sont : Khadidja Bint Khouwailid, Fatima Bint Mohamed, Maryam Bint Imran et Assia Bint Mouzahim la femme de Pharaon ».
{Rapporté par Ahmed et authentifié par l'imam Nawawi dans Tahdhib Al Asma Wal Loughat 2/341 et par Cheikh Albani dans Silsila Sahiha n°1508}

Allahou Akbar !
Ces femmes sont promises au Paradis !
Puisons notre inspiration dans les valeurs qu'elles véhiculent, leur vie, leur courage à toute épreuve. Elles sont nos modèles.

Ma douce, si te sens accablée par ton épreuve, cherche refuge et secours auprès du Très Haut. Fais preuve de persévérance et d'endurance dans tes prières.

« Et cherchez secours dans l'endurance et la prière ; certes, la prière est une lourde obligation, sauf pour les humbles qui ont la certitude de rencontrer leur Seigneur et retourner à Lui Seul. » {Sourate 2, versets 45-46}

<u>Invocation contre la tristesse :</u>
"Ô Seigneur! Je suis Ton serviteur, fils de Ton serviteur et de Ta servante, mon toupet est dans Ta main. Ton jugement s'accomplit sur moi, Ton décret sur moi est juste. Par les noms qui T'appartiennent avec lesquels Tu T'es nommé, ou que Tu as révélés dans Ton Livre ou que Tu as enseignés à l'une de Tes créatures, ou bien que Tu as gardé secret dans Ta science de l'inconnu, je Te demande de rendre le Coran le printemps de mon cœur, la lumière de ma poitrine, la dissipation de ma tristesse et la fin de mes soucis."

Accepte le destin en ayant foi en ton Seigneur car cela revient à reconnaître la sagesse divine derrière chaque épreuve :

« Ce que l'affaire du croyant est étonnante ! Son affaire ne comporte (pour lui) que du bien, et cette faveur n'appartient qu'au croyant: s'il est l'objet d'un événement heureux, il remercie Dieu et c'est là pour lui une bonne chose. S'il est victime d'un malheur, il l'endure avec patience et c'est là encore pour lui une bonne chose. »
{Muslim, riyad as-salihin n°27}

La précipitation dans les affaires mondaines nous est proscrite. Le croyant doit agir prudemment et avec réflexion. Il en va de même pour la religion : vouloir aller trop vite et s'imposer un rythme qui n'est pas le nôtre peut nous amener au découragement et au délaissement des obligations religieuses, qu'Allah nous en préserve !

Patiente d'une belle patience jusqu'au dénouement. Tu apercevras au loin une lumière après avoir traversé ce sombre tunnel.

Aie confiance en toi-même et ne doute pas de tes capacités. Avec l'aide du Tout Puissant, tu es capable d'affronter des situations qui te paraissent insurmontables.

Place tes espoirs en Celui qui ne meurt jamais. Tu cueilleras dans l'arbre le fruit de tes efforts et goûteras à la saveur de la victoire après avoir trébuché plusieurs fois et t'être emmêlée dans ses racines pleines d'amertume.

Tu te sentiras envahie par ce sentiment d'apaisement une fois les différentes tribulations franchies en usant de la force propulsée par ta patience, ta volonté et ton courage.

Alors ne baisse pas les bras. Patienter et s'en remettre à Allah comme il se doit est le meilleur choix que tu puisses faire pour enjamber les différents obstacles de ta vie.

LE VÉRITABLE BONHEUR SE TROUVE DANS LA RELIGION

Qu'est-ce que le bonheur ? Comment le définir ?
Si je m'en réfère à la définition donnée dans un dictionnaire, voici comment le bonheur est défini :

État heureux, de bien-être.
Synonyme : euphorie, joie, sérénité, satisfaction, bien-être, gaieté, ravissement, contentement, allégresse, extase, félicité.

En recherchant sa signification, je constate qu'il y a plusieurs manières de le caractériser car le bonheur est un concept intangible et insaisissable. La subjectivité intervient et nous avons chacun notre propre définition du bonheur.

L'environnement dans lequel nous évoluons et les événements qui ponctuent nos vies font que nous avons une conscience du bonheur qui nous est propre.

Mais s'il y a bien un objectif que tout être humain rêve d'atteindre c'est le bonheur.

Qui se refuse de se sentir pleinement heureux ? Qui se refuse d'atteindre cet état qui provoque le contentement du coeur et de l'âme où l'on se sent en paix avec soi-même ?

Comme tu l'auras compris, le bonheur, difficile à disséquer, est impalpable et englobe à la fois la satisfaction et la quiétude. C'est cette joie intimement ressentie qui fait sourire notre cœur.

Mais comment ressentir pleinement le bonheur ?

Certains pensent que l'argent procure le bonheur permanent mais il n'en est rien. Certes l'argent peut y contribuer mais il ne permet pas de ressentir ce bonheur véritable et complet, celui qui perdure dans le temps.

D'après Abou Hourayra (que Dieu l'agrée), le Prophète ﷺ a dit :
"La richesse ne consiste pas dans l'abondance des biens ; mais, elle est plutôt celle de l'âme".
{Hadith rapporté par Mouslim (n°1051)}

Nous savons qu'il y a des personnes riches et même célèbres qui pourtant ne sont pas heureuses et qui finissent par sombrer (substances illicites, dépressions...).

L'argent peut effectivement procurer des instants de joie. Cependant, le vide intérieur que ces personnes peuvent ressentir ne peut pas être comblé par des choses matérielles d'autant plus qu'il peut être néfaste de s'attacher à tout ce qui est matériel car oui ma soeur, nous pouvons tout perdre du jour au lendemain. Nous savons que tout peut basculer, que tout ne tient qu'à un fil, que rien n'est sûr à l'exception de l'amour sans pareil que l'on voue à notre Seigneur.

Tu ne trouveras le véritable bonheur ni dans la richesse, ni dans la notoriété, ni dans le matériel. Tu trouveras le véritable bonheur dans ta foi. Ton âme sera apaisée dans l'obéissance envers Le Tout Puissant et dans les bonnes actions.

Ma douce, ne t'attache pas aux futilités de ce bas monde, ne mets pas tous tes espoirs en des choses qui peuvent disparaître. Tu dois placer tous tes espoirs en Allah qui ne déçoit jamais.

Certes, il est tout à fait légitime de rechercher une certaine stabilité financière, de vouloir réussir sa vie en obtenant par exemple des diplômes, un travail (etc.) et c'est une bonne chose d'être ambitieux et de vouloir le meilleur pour soi tant que cela est en conformité avec notre religion. Retiens simplement que le bonheur le plus complet, celui qui est plus durable, tu ne le trouveras que dans ta proximité avec ton Seigneur. Ne recherche donc pas ce bonheur profond et véritable ailleurs que dans notre belle religion car tout provient d'Allah.

N'oublions pas qu'Il est notre Créateur. C'est Lui qui a créé le bonheur. Alors ma douce, si tu éprouves de la tristesse, invoque ton Seigneur et demande-Lui de t'accorder le bonheur. Tu sais au fond de toi que tu as besoin de remplir le vide de ton coeur et il n'y a qu'en te connectant à ton Seigneur que cela pourra se faire.

Et Allah est très clair à ce sujet :
"Quiconque, mâle ou femelle, fait une bonne œuvre tout en étant croyant, Nous lui ferons vivre une bonne vie. Et Nous les récompenserons, certes, en fonction des meilleures de leurs actions."
{Sourate An Nahl, verset 97}

Ne te laisse pas aveuglée par ce bas-monde.

Crois en Allah, soumets-toi à Ses commandements. Il est capable de toute chose et en te rapprochant fermement de Lui , ton coeur s'apaisera car tu sais que tes affaires sont entre Ses mains.

Comment ne pas être rassuré et apaisé lorsqu'on réalise que tout est entre les Mains de notre Seigneur ? Comment ne pas avoir d'espoir lorsqu'on sait qu'Allah nous entend, nous voit et qu'Il nous promet la facilité après la difficulté ?

Le Très Haut nous promet une issue favorable à chaque épreuve que l'on traverse. N'est-ce pas à la fois motivant et réconfortant de savoir qu'Allah nous promet de vivre une bonne vie si l'on vit dans Son obéissance ?

Ma soeur, plus tu feras des bonnes oeuvres tout en ayant de bonnes intentions, plus tu seras heureuse. Cela commence par la prière. Elle est le pilier de la foi. Mieux elle sera accomplie, plus tu te sentiras apaisée. Réalises-tu que la prière est un rendez-vous privé avec Ton Seigneur ?

C'est un moment qu'il faut savourer. Profite de chaque prière pour invoquer Allah et te confier à Lui.

Le Prophète ﷺ a dit :
« Le moment où le serviteur est le plus proche de Son Seigneur est lorsqu'il se trouve en prosternation. Multipliez donc les invocations à ce moment-là ! »
{Muslim, riyad as-salihin n°1498}

Efforçons-nous ma soeur de parfaire nos prières car celle-ci est source de quiétude.

Le Prophète ﷺ considérait sa prière comme une source de tranquillité. Quand il disait à Bilâl de lancer l'Adhân (appel à la prière), il disait :
« Ô Bilâl, Procure-nous de la tranquillité avec elle (la prière). »
{Abû Dâwûd}

Puisse Allah, exalté soit-Il, nous permettre de trouver la tranquillité dans notre prière.
Que la prière fasse fleurir nos coeurs et rayonner notre âme.

Quant à notre relation avec le Coran, où en sommes-nous ? Qu'en est-il du dhikr ma douce ?
C'est en multipliant les actes d'adoration que nos coeurs vont s'apaiser et s'imprégner de ce bonheur tant convoité.

Nous devons porter un grand soin à la multiplication des évocations d'Allah, exalté soit-Il. Le dhikr permet de faire revivre ton coeur, de lui procurer sérénité et bonheur :

« Ceux qui ont cru, et dont les cœurs se tranquillisent à l'évocation d'Allah'. Certes, c'est par l'évocation d'Allah que les cœurs se tranquillisent. »
{Sourate 13, verset 28}

Ma soeur, fais du bien autour de toi, tu en seras récompensée. Crains Allah et ne recherche que Sa satisfaction. Repens-toi et fais beaucoup d'istighfar.

Invocation contre la baisse de foi :
« Ô Toi qui fait tourner les coeurs affermit mon coeur sur Ta religion. »

En arabe :

يَا مُقَلِّبَ القُلُوبِ ثَبِّت قَلْبِي عَلَى دِينِكَ

Plus tu apprendras ta religion, plus tu connaîtras Allah. Et plus tu connaîtras Allah, plus tu l'adoreras. Peu importe ton passé, peu importe le poids de tes péchés, reviens à Allah Le Très Miséricordieux. Ne te dis pas que tu n'en es pas pas digne à cause de ton passé ou de tes péchés.

Le Prophète ﷺ a dit à ses compagnons :
"Par Allah ! Si vous ne commettiez pas de péchés, Allah vous aurez fait disparaître et remplacés par un peuple qui commettait des péchés et demanderait le pardon d'Allah ; et Il le leur accorderait. "
{Rapporté par Mouslim}

Alors ne doute pas une seconde de ta personne. Nous commettons tous des péchés. Mais Allah par Sa Miséricorde est le Grand Pardonneur.

Ce qu'il faut ma soeur, c'est avoir ce déclic ; celui de se repentir et de revenir vers Allah en changeant son comportement et ses actes et en multipliant les bonnes actions.

Dans ces conditions, tu verras ta vie changer et passer des ténèbres à la lumière. Avec la permission du Très Haut, tu sentiras ton coeur frémir au rappel d'Allah.

Tu seras habitée par ce bonheur véritable, celui que tant de personnes convoitent pensant le trouver dans les futilités de ce bas monde.

Tu goûteras à la saveur de la foi, une saveur indescriptible au goût inégalé.

Qu'Allah nous accorde le privilège de goûter à la saveur de la foi et que nos coeurs vibrent chaque fois qu'Il est mentionné.

QUE TON COEUR SOIT ILLUMINÉ

Te voici arrivée à la fin de ce livre.
Je te recommande de le lire et de le relire autant de
fois que nécessaire.

Allah nous dit si bien dans le Coran :
"Et rappelle, car le rappel profite aux croyants "
{sourate 51, verset 55}

L'être humain oublie vite et nous avons tous besoin
de rappels peu importe notre degré de foi, car
comme je l'avais évoqué au tout début de ce livre :
l'homme a été créé faible. Seul Allah se suffit à Lui-
même. Il n'a guère besoin de qui que ce soit et de ce
fait, il nous incombe de nous attacher fermement au
Tawhid (unicité d'Allah).

Alors ma douce, lis ce livre autant de fois que ton
coeur le réclame. Lis et relis les passages qui te font
du bien et qui te motivent.

Ne pense pas que la vie soit immuable. Toute
situation peut changer grâce à Allah. La vie est
ponctuée de moments de difficultés suivis de
moments d'aisance et de joie.

L'épreuve n'est pas quelque chose d'insurmontable lorsque tu décides de confier tes affaires à ton Créateur.

« Allah n'impose à aucune âme une charge supérieure à sa capacité »
{Sourate 2- Al Baqara, verset 286}

Avec la permission d'Allah, j'ai bon espoir que ce livre te réconforte, t'apaise, te soulage et te motive.

Qu'il déclenche en toi l'envie de créer un lien de proximité avec ton Créateur et de te transformer sous tous les aspects pour devenir la meilleure version de toi-même, car nous avons tous besoin de nous remettre en question, de changer des habitudes et des choses en nous.

Que ce livre apporte des réponses à tes questions en te faisant porter un autre regard sur la nature des épreuves.

Qu'il laisse en toi une empreinte positive et t'apporte un regard neuf sur la vie.

Je termine avec un petit clin d'oeil au titre de mon livre en te souhaitant avec la permission d'Allah que ce livre illumine ton coeur pour une vie heureuse.

Printed in France by Amazon
Brétigny-sur-Orge, FR

13880448R00116